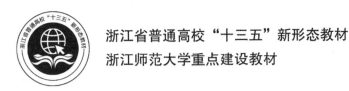

浙江省普通高校"十三五"新形态教材

浙江师范大学重点建设教材

U0564556

训 诂 学

殷晓杰　编著

ZHEJIANG UNIVERSITY PRESS

浙江大学出版社

前　言

　　训诂学是中国传统语言文字学小学的重要分支,是国学精粹,更是"为往圣继绝学"的根底之学。其历史发展源远流长,绵延上千年,凝聚了从汉代毛亨、郑玄到清代戴震、段玉裁、王念孙、王引之直至近现代章太炎、黄侃、陆宗达、王宁等众多学者大师的心血,是中国特色哲学社会科学成长发展的深厚基础。党的十八大以来,党中央不断制定政策、采取措施,大力推动哲学社会科学特别是具有中国特色的学科体系和学术思想的建设和发展,其中举措之一就是重视发展具有重要文化价值和传承意义的"绝学"、冷门学科。训诂学与音韵学、古文字学等,都是新时期高校继承和发扬中华优秀传统文化的重要途径和抓手,这也是本教材编写的旨意所在。

　　训诂学以解释古汉语词义为主要任务,兼及分析古代书籍中的语法、修辞现象,从语言的角度研究古代文献,帮助读者扫清阅读古书时遇到的语言理解障碍。因此,对于汉语言文学专业本科生和汉语言文字学、古典文献学、古代文学、语文课程教学论等专业的研究生而言,不管是今后进行相关专业的深入研究还是从事中学语文教学与研究,训诂学都是不可或缺的。

　　作为冷门学科的重要分支,训诂学一直给初学者以深不可测、高不可攀的陌生感、神秘感,本教材有大量生动形象、深入浅出的教学案例,可以很大程度上缩短学生理解和接受的过程,使学生消除畏难情绪,乐于学习训诂学,并善于运用所学知识去解释和解决日常语文生活、语文教学中遇到的实际问题。

　　本教材的主要特色有:

　　1. **内容守正、创新**。这是本教材的特色之一,即与目前各高校在用的《训诂学》教材相比,本教材在保留学界经典案例的同时,又从近些年来的国内核心期刊中搜集、整理了不少精彩案例,这些案例较为集中地展现了训诂学界最新研究成果和学术发展动态,是训诂学与时俱进的"源头活水"。限于篇幅且为了激发学生的自主思考,对这些案例的研究思路、方法、材料与结论等,本教材不作详细评议。

2.**形式多元、立体。**这是本教材的特色之二,即本教材以新形态教材为编写标准,适应经济社会发展的形势,反映现代教育思想,体现改革精神,融合互联网新技术,结合教学方法改革,创新教材形态,通过移动互联网技术,以嵌入二维码的纸质教材为载体,嵌入教学视频、拓展资源、主题讨论等数字资源,将教材、课堂、教学资源三者融合,实现线上线下相结合的教材出版新模式。

由于编者水平有限,本教材难免存在诸多不足之处,敬请各位专家学者和读者朋友批评指正!

目　录

第一章 训诂与训诂学

学习目标：

　　1.什么是训诂

　　2.什么是训诂学

一　什么是训诂

　　提起"训诂"，我们的脑海里马上会浮现出历史上的诸位训诂大家，比如开清代朴学先风的顾炎武，清代乾嘉学派的中坚力量戴震、段玉裁、王念孙、王引之，还有晚清的孙诒让，近代的章炳麟（太炎）先生及其弟子黄侃（季刚）先生。学习训诂学，首先就要从读这些大家的作品开始。那么到底什么是训诂呢？我们先来看一个案例。

　　这里我们选取了《世说新语·德行篇》的一段文字："殷仲堪既为荆州值水俭食常五盌盘外无余肴饭粒脱落盘席间辄拾以啖之"，首先要指出的是，这句话里的"盌"就是"饭碗"的"碗"字，"啖"就是"日啖荔枝三百颗"的"啖"字，这是两对异体字。关于这段文字的标点，有两种意见：一是中华书局1983年余嘉锡《世说新语笺疏》的"殷仲堪既为荆州，值水俭，食常五盌盘，外无余肴，饭粒脱落盘席间，辄拾以啖之"；二是上海古籍出版社1993年的"殷仲堪既为荆州，值水，俭食，常五盌盘，外无余肴，饭粒脱落盘席间，辄拾以啖之"。二者的区别在于"值水俭"还是"值水，俭食"。那么哪种意见更为准确呢？如果我们了解魏晋南北朝时期的语料，很快就会作出判断，应该是前者。因为"俭"在这里应作"饥馑、歉收"讲，值，遇到，碰上；水俭，就是"因水灾而歉收"。

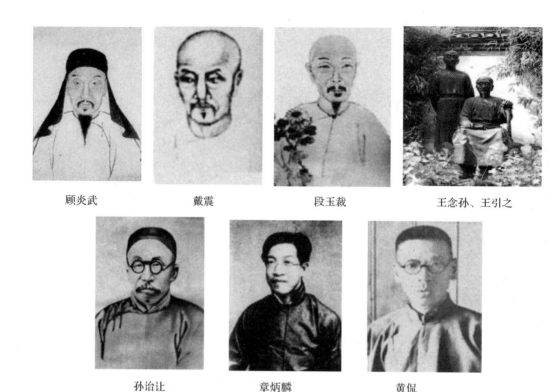

顾炎武　　　　戴震　　　　段玉裁　　　王念孙、王引之

孙诒让　　　　章炳麟　　　　黄侃

　　首先，"俭"的这个意思，在魏晋时期以及后世工具书中都有记载，比如《广雅·释诂三》："俭，少也。"《广韵·琰韵》："俭，少也。饥馑也。"这从训诂学方法上来说叫"依据古训"，这个"古训"既包括了古代的注释，也包括了古代的工具书。其次，魏晋南北朝文献中还有一些例子，比如南朝梁宝唱《经律异相》卷18引《杂譬喻经》："时兄比丘，值世大俭，游行乞食，七日不得。""值世大俭"就是遇上天下发生很大的饥荒，因此和尚到处化斋，七天什么都没得到。如果我们继续扩大调查范围，就会发现这个时期的语料中，不但有"水俭"的说法，还有"霜俭""旱俭"的说法，因为霜灾造成的歉收叫"霜俭"，因为旱灾造成的歉收叫"旱俭"。比如《北齐书》卷22《卢勇传》："属山西霜俭，运山东乡租输。"讲的就是山西发生因霜灾造成的歉收，将山东的租税运到山西。再比如《颜氏家训·归心》："杨思达为西阳郡守，值侯景乱，时复旱俭，饥民盗田中麦。思达遣一部曲守视，所得盗者，辄截手腕，凡戮十余人。部曲后生一男，自然无手。"说的是西阳郡因为旱灾造成歉收，老百姓偷盗粮食，西阳郡守杨思达请部曲（也就是家兵）去看守。从"水俭""霜俭""旱俭"这些用例，我们又可以归纳出这个时期有"×俭"的说法，而从训诂学方法上来看，属于排比归纳法，后面我们还

会讲到这一方法,请同学们先有个初步的印象。

如果进一步扩大调查范围,会发现此期文献中还有"饥俭""荒俭"的用法。比如《三国志·魏志·蒋济传》:"景初中,外勤征役,内务宫室,怨旷者多,而年谷饥俭。"《晋书·怀帝纪》:"百姓饥俭,米斛万余价。"《晋书·孝武帝纪》:"以比年荒俭,大赦,自太元三年以前逋租宿债皆蠲除之。"《南史·崔元祖传》:"而徐、兖、豫、司诸州又各私断谷米,不听出境,自是江北荒俭,有流亡之弊。"

我们都知道"饥""荒"都有"歉收"义,因此"俭"和这两个词连用,可以从一个侧面证明"俭"也有同样的意思。这从古人行文惯例上来看,叫同义连言或者同义连文,通过同义连文的文例推求词义,也是训诂方法的一种。其中第三句讲的是:"因为连年的粮食歉收,皇帝大赦天下,太元三年之前拖欠的租税和旧的债务全部免除。"最后一个例子中,"徐、兖、豫、司诸州又各私断谷米","不听出境"就是不允许出境,"不听"是不允许的意思。方一新先生有一篇《"不听"之"不允许"义的产生年代及成因》的文章,发表在《中国语文》2003 年第 6期,请同学们课后参考。

回过头来,我们就可以比较肯定地说,《世说新语》这段文字的标点应该是:"殷仲堪既为荆州,值水俭,食常五碗盘,外无余肴,饭粒脱落盘席间,辄拾以啖之。"中华书局的标点更为妥当。

解决了这个问题之后,我们再来看这个案例中的另外一个问题,那就是"殷仲堪既为荆州"这句话,大概的意思是"殷仲堪做了荆州刺史之后"。"既"是时间副词,"已经""……之后"的意思,那么为什么"既"有这个意思呢?我们从字源上来分析,就会发现"既"的甲骨文像人半蹲在食器前,头朝后看,李孝定《甲骨文字集释》解释"既":"契文象人食已,顾左右而将去之也。"由人吃完饭,引申指做完某事之后。

案例中还有一个问题,那就是"为荆州"这个句式究竟怎样理解?其实这是六朝人著作中一类常见的句式,即"某人为(或作)某地",这是一种省略句式,其意思就是某人担任某地的行政长官:为(作)某州就是担任某州刺史,如《世说新语·德行》:"殷仲堪既为荆州。"为(作)某郡就是担任某郡太守,如《世说新语·政事》第4条刘孝标注引环济《吴纪》:"贺太傅作吴郡。"为(作)某县就是担任某县县令,如《世说新语·德行》第 24 条刘注引《周氏谱》:"(周)翼为剡县。"考察《世说新语》及刘孝标注中的全部有关例句,"为(作)某地"的用法都是如此,没有例外。

通过《世说新语》这个案例中"水俭""既""为荆州"这三个问题,我们大致可以了解到,所谓训诂,就是运用各种方法,包括依据古训、文献印证、同义连言、排比用例等,对语言现象进行解释的工作;这项研究工作与词汇学、文献学、文字学、语法学、语用学、修辞学、音韵学等学科知识密切相关。

什么是训诂

二　什么是训诂学

首先来探究"训诂"这个词的意义来源。从字源来看,《说文·言部》:"训,说教也。从言,川声。"段注:"说教者,说释而教之,必顺其理。引伸之凡顺皆曰训。"《广雅》:"训,顺也。"《说文·马部》:"驯,马顺也。从马,川声。"从语源上来说,"训""顺""驯"都从川声,即川之孳乳分化。"川"是通畅的河流,突出顺畅,结合段注,我们就可以明白"训"是"通顺地解释"的意思。《说文·言部》:"诂,训故言也。从言,古声。"段注:"故言者,旧言也,……训故言者,说释故言以教人,是之谓诂……训故者,顺释其故言也。"从语源上来说,故、诂都是古字的孳乳分化。"诂"就是通顺地解释古代的语言。可见"训""诂"二字都有训释字词、解释语言之义。"训"和"诂"也可指字词的解释,名词用法,《尔雅》的第一篇是《释诂》,第三篇是《释训》。

《尔雅》书影

那么,什么时候"训诂"开始连用、凝固为一词了呢?是从汉代开始。比如扬雄《答刘歆书》："独蜀人有严君平、临邛林闾翁孺者,深好训诂,犹见輶轩之使所奏言。"《汉书》卷87上《扬雄传上》："雄少而好学,不为章句,训诂通而已,博览无所不见。"《后汉书》卷42《光武十王传·东平宪王苍》："以其文典雅,特令校书郎贾逵为之训诂。"这些例子中的"训诂"都是"解释字词"的意思。对此,古人和今人都有非常精到的诠释,比如唐代孔颖达《毛诗正义》云:"诂训者,通古今之异辞,辨物之形貌,则解释之义尽归于此。"黄侃《文字声韵训诂笔记》也指出:"诂者,故也,即本来之谓;训者,顺也,即引申之谓。训诂者,用语言解释语言之谓。"基于此,我们给"训诂"下一个定义,"训诂"就是"注解"的别名,就是用"以今语释古语、以通语释方言、以通俗的话解释难懂的话"的方法解释古书中词句的意义。

换言之,"训诂"不但可以解释古代汉语的疑难问题,还可以解决现代汉语中的语言问题。比如"百足之虫,死而不僵"这个成语,现用来比喻势力大的人或集团虽已失败,但其余威和影响依然存在,那么其中这个"僵"字如何理解呢?《现代汉语词典》(第4版)、《汉语大字典》、《汉语大词典》、《辞海》均在"僵"之"僵硬"条下列举了"百足之虫,死而不僵",可见"僵"作"僵硬"解灼然无疑。但事实又是怎样的?

首先,与事实不符,"百足之虫"即马陆,其死后脱了水即已干燥,不但僵硬,而且干脆;其次,该成语出自三国魏曹冏《六代论》:"故语曰:'百足之虫,至死不僵',以扶之者众也。'"更早一些的《鲁连子》中说:"谚云:'百足之虫,至断不蹶者,持之者众也。'"《说文》:"蹶,僵也。"《左传·襄公十九年》:"是谓蹶其本。"孔颖达疏:"蹶者,倒也。"《方言》:"跌,蹶也。"《说文》:"踣,僵也。"《说文》:"僵,偃也。"这一连串的著录,可以得出以下结论,那就是:"蹶、跌、踣、偃、僵,倒也。""僵"的"倒下"义在古代文献中比比皆是,比如《南史》卷44《齐武帝诸子》:"超之门生姓周者,谓杀超之当得赏,乃伺超之坐,自后斩之,头坠而身不僵。"讲的是周门生听说杀了主子陆超之,能够得到奖赏,因此趁陆超之打瞌睡的时候,从后面把陆超之的头砍了下来,头掉下来,但身子依然如故,没有倒下来。显然这个例子中的"僵"不可能是"僵硬"的意思。再比如《搜神记》卷六"僵树自立"条:"哀帝建平三年,零陵有树僵地,围一丈六尺,长十丈七尺。民断其本,长九尺余,皆枯。三月,树卒自立故处。"前面说"有树僵地",后面说"树卒自立故处",就是树突然在原来的地方立起来,显然前面这个"僵地"应该是"倒地"的意思。因此,到《现代汉语词典》(第5版)就把"僵"之"僵硬"义下这条"死而不僵"的成语删除了。这可以看作训诂帮助我们解决现实生活中相关语言现象的一个典型例子。

正像黄侃先生在《文字声韵训诂笔记》中所指出的:"夫所谓'学'者,有系统条理,而可以因简驭繁之法也。""真正之训诂学,即以语言解释语言,初无时地之限域,且论其法式,明其义例,以求语言文字之系统与根源是也。"齐佩瑢先生在《训诂学概论》中也提出:"研究前人的注疏,历代的训诂,分析归纳,明其源流,辨其指归,阐其枢要,述其方法,演为统系而条理之。更进而温故知新,评其优劣,根据我国语文的特质提出研究古语的新方法,新途径,这便是训诂学。"陆宗达先生把训诂学叫做文献语言学,胡朴安先生更是将其解释为"书本子上的考古学"。

综合诸位大家的看法,我们认为,训诂学就是研究训诂的学问,它属于语言文字学的一个分支,其任务是对零散的、感性的训诂现象作理论上的归纳和总结,揭示规律,阐述义例,总结方法手段,用以指导训诂实践。

什么是训诂学

第一章课后思考题:

1.什么是训诂?什么是训诂学?

2.试举一个运用训诂知识解决现实语言问题的例子。

本章参考文献

[1]《训诂学概论》,方一新,江苏教育出版社,2008年

[2]《"不听"之"不允许"义的产生年代及成因》,方一新,《中国语文》2003年第6期

[3]《训诂学》(修订本),郭在贻,中华书局,2005年

[4]《训诂学》,洪诚,江苏古籍出版社,1984年

[5]《文字声韵训诂笔记》,黄侃,上海古籍出版社,1983年

[6]《训诂学与语文教学》,黄灵庚,浙江大学出版社,2008年

[7]《训诂方法论》,陆宗达、王宁,中华书局,2018年

[8]《训诂学概论》,齐佩瑢,中华书局,1984年

[9]《训诂学原理》,王宁,中国国际广播出版社,1996年

[10]《训诂学导论》,许威汉,北京大学出版社,2003年

[11]《词汇学简论·训诂学简论》(增订本),张永言,复旦大学出版社,2015年

[12]《训诂学纲要》(修订本),赵振铎,巴蜀书社,2003年

[13]《训诂学初稿》(第4版),周大璞,武汉大学出版社,2011年

第二章　训诂学的功用

学习目标：

掌握训诂学的主要功用

关于"训诂学的功用"大致说来，主要有四个方面：一是可以巩固古汉语词汇知识，提高阅读古书的能力；二是可以指导语文教学，讲清楚词义演变的来龙去脉，知其所以然；三是可以指导辞书编纂，以进一步提高语文辞书的质量；四是可以指导古文献校理，为古籍整理工作服务。以下分别来看。

一　可以巩固古汉语词汇知识，提高阅读古书的能力

古今汉语不少词汇的意义是不一样的，这就决定了我们要特别注意不能犯以今律古、以今解古的毛病。比如"从容"一词，《楚辞·九章·抽思》："理弱而媒不通兮，尚不知余之从容。"《礼记·缁衣》："长民者衣服不贰，从容有常。以齐其民，则民德壹。"东汉傅毅《舞赋》："形态和，神意协，从容得，志不劫。"这三个例子中"从容"所处的位置决定了它应该是一个名词，显然用今天的"悠闲舒缓、不慌不忙"形容词义去解释，是不合适的。那么这里的"从容"是什么意思呢？对此，唐代人给出过解释，我们来看。《礼记·中庸》："诚者不勉而中，不思而得，从容中道，圣人也。"孔颖达疏："从容闲暇而自中乎道。"《后汉书》卷28下《冯衍传》载衍《显志赋》："既俶傥而高引兮，愿观其从容。"李贤注："从容，犹在后也。"如前所述，显然两家的解释都不是名词用法，都不够确切，那么"从容"究竟应作何解？以下这些例子，似乎可以给我们提供一些答案。即《韩诗外传》曰："动作中道，从容得礼。"《汉书·董仲舒传》曰："动作应礼，从容中

道。"王褒《四子讲德论》曰:"动作有应,从容得度。"此皆从容、动作相对为文。再比如《大戴礼记·文王官人》曰:"言行亟变,从容谬易,好恶无常,行身不类。""从容"与"言行"相对为文。从容谬易,谓举动反复也。因此,"从容"应该是"举动"之义,把这个意思代入上面全部的 6 个例句,文从义顺,意义就讲通了。清王引之《经义述闻》第 31《通说》"从容"条中有详细的记述,同学们可以课后参考。可见,训诂学研究中切忌望文生义,切忌想当然地以今义去理解古义。

再来看一个例子,"败绩"一词文献中常见,其含义古今讨论的不少,《左传·庄公十一年》释云:"凡师……大崩曰败绩。"晋代杜预注:"师徒桡败,若沮岸崩山,丧其功绩,故曰败绩。"陆宗达先生(1980:165)指出"杜预的这个解释纯系望文生义",邯郸淳《三体石经》古文"败绩"的绩作速(迹字的异体),《说文》"迹"或从足作蹟,籀文作速,是石经古文"绩"字与籀文"迹"同形,"凡循道而行谓之'迹',如是则车不能循道而行谓之'败绩'",亦即败迹,是翻车的意思,"战争中,兵车垮了是最大的败仗,是之谓败绩"。郭在贻先生(1985:258)赞同陆先生的看法,并进一步认为:"败绩的败又通不,因此败绩就是不迹,迹的异文作蹟,因此不迹就是不蹟,《尔雅·释训》:'不蹟'条下,郭璞注云:'言不循轨迹也。'于是便得出如下公式:败绩=败迹=不蹟=不循轨迹。车子不循轨迹,就要翻车,就是辙乱了。"其后鲁毅先生(1990)释绩通辑,理由是《说文》:"绩,缉也。""缉,绩也。"又:"辑,车舆也。"《文选·王俭〈褚渊碑文〉》:"元戎启行,衣冠未缉。"李善注:"缉与辑同。"认为绩通缉,缉又通辑,故绩、辑隔字相通,败绩=败缉=败辑=车覆=翻车。之前,明清学者已有车覆、翻车说。明代汪瑗《楚辞集解》释屈原《离骚》"恐皇舆之败绩"云:"败绩则指车之覆败,以喻君国之倾危也,旧注谓败先王之功,非是。"王夫之《楚辞通释》:"败绩,车覆也。"清代江永《礼记训义择言》解《礼记·檀弓上》"马惊败绩,公队(坠),佐车授绥"云:"败绩,谓车覆。"

当然,也有学者提出这些说法不足为信,方有国《也释"败绩"》(《古汉语研究》2011 年第 3 期)认为《左传》和杜预对"败绩"的解释是正确的,释为"败迹""不迹"或"败辑"进而

训诂学的功用一

释为车覆或翻车值得商榷。可见,这个问题还值得我们继续探讨。

二　可以指导语文教学,讲清楚词义演变的来龙去脉

　　教材中的文言文,有一部分词语虽做了注释,但一般只讲其然而不讲其所以然,有些问题很难让人理解深透。运用训诂学知识,不仅有助于提高我们的阅读能力,而且还可以把课讲得更深入、更形象、更具体,同时也可以讲出许多结论的所以然。比如《论语·公冶长》:"颜渊曰:'愿无伐善,无施劳。'"其中,"伐"是"夸耀"的意思,"施"也是"夸耀"的意思,"愿无伐善,无施劳"就是说"希望不夸耀自己的功劳"。我们都知道,伐,从人从戈,本义是砍杀,引申为攻打、征伐,那么动词"夸耀"义是怎么来得呢?其实,从"攻打、征伐"义又引申出"军功、功劳"义,如《左传·庄公二十八年》:"且旌君伐。"韦昭、杜预并注:"伐,功也。""功劳"是名词,由此产生出夸耀(自己有功)的意思,转为动词。蒋礼鸿先生说得好:"盖伐之本义为攻伐,由是而战功称伐,凡功亦曰伐,而居功自耀亦曰伐,皆义之相引申者也。"(《义府续貂》"伐"条)通过一番探本溯源的功夫,我们对于"伐"字的"夸耀"义就能够做到不但知其然,而且知其所以然了。

　　再看一个例子,汉魏以来,形容才思敏捷、倚马可待,常用"文不加点"一类的词语,那么"点"为何会有修改文稿(文字)的意思呢?其实从字源来看,《说文·黑部》:"點,小黑也。"本义是小黑点。把写错或不满意的字抹黑涂去,这是古今相同的习惯,故引申为涂抹、去除(文字)义。《尔雅·释器》:"灭谓之点。"郭璞注:"以笔灭字为点。""点"的修改文稿义应当是由此演变而来的。

　　还有一个例子,常用词"迁"常用于职官,在古文献特别是在史书人物传记中,它与官职词相结合表示官职变化,使用频率非常高。我们发现,几种大型语文辞书、古汉语词典和有关官制专书将"迁"分别列为"升职"与"降职"两个对立义项中,像是一个"反训"的例子;有的则以为有先后变化:"汉代多指升职,……不过唐以后迁多指贬意。"所举证多为"左迁""迁谪""迁官""迁爵"之类复合词语。"迁"的词义包括复合词语中的语素义,果真有"降职"义吗?对此,沈小仙、黄金贵(2006)进行了深入探讨。两位先生提出,最能反映"迁"使用情况的无疑是古代史书文献。下面举若干史书例证:

（1）"……黯耻为令,病归田里。上闻,乃召拜为中大夫。以数切谏,不得久留内,迁为东海太守。"（《史记·汲郑列传》）西汉县令品级为千石至六百石,而太守为二千石。

（2）夏侯尚字伯仁,渊从子也……太祖定冀州,尚为军司马,将骑从征伐,后为五官将文学。魏国初建,迁黄门侍郎……太祖崩于洛阳,尚持节,奉梓宫还邺。并录前功,封平陵亭侯,拜散骑常侍,迁中领军。文帝践阼,更封平陵乡侯,迁征南将军,领荆州刺史,假节都督南方诸军事。（《三国志·魏书·夏侯尚传》）

（3）（陈骞）起家尚书郎,迁中山、安平太守,并著称绩。征为相国司马、长史、御史中丞,迁尚书,封安国亭侯。（《晋书·陈骞列传》）

（4）（虞世基）……仕陈,释褐建安王法曹参军事,历祠部殿中二曹郎、太子中舍人。迁中庶子、散骑常侍、尚书左丞。（《隋书·虞世基列传》）

以上所举用于职官之"迁",都是置于比原先高的职官之前,故均为"升职"义。我们发现,在史书文献中凡是单用之"迁",都是"升职"义,而单用表示"降职"义的用例却没有发现。这无疑表明,在整个史书文献中,"迁"一直都只用作"升职"义,这一用法与"迁"的本义完全一致。《说文·辵部》:"迁,登也。"即是"升登"义,引申为职位的晋升乃是顺理成章的。正由于"迁"单用时都不表示"降职"义,因此辞书、专书凡立"降职"义项下的书证都是"左迁"之类"迁"的复合词语。这就不禁让人产生疑问:"迁"的"降职"义项是否成立呢?综观"迁"的复合词语,大体有三种,其中之一便是与表"贬降"义的词结合。一些辞书所举书证,最多是"左迁"例,如《汉书·王尊传》:"有诏左迁尊为高陵令,数月,以病免。"《汉书·周昌传》:"吾极知其左迁。"其次是"迁谪"例,如王昌龄《留别武陵袁丞》诗:"皇恩暂迁谪,待罪逢知己。"姚合《寄主客刘郎中》:"汉朝共许贾生贤,迁谪还应是宿缘。"文献中既有"左迁",也时有"右迁",如宋王安石《李端悫东上阁门使制》:"非专为恩,以致此位,积功久次,当得右迁。"宋钱时《两汉笔记》卷3《文帝》:"冢宰之职:惠帝六年,（陈平）始为左丞相。明年帝崩，太后临朝，以阿意而右迁。"足见"左迁""右迁"都是状谓性的偏正结构，不是同义连用。那么何为"左迁""右迁"呢？《史记·张丞相列传》"吾极知其左迁"，司马贞索隐引韦昭曰："左犹下也。"《汉书·诸侯王表》第2"作左官之律"，颜师古注："左官犹言左道也。皆僻左不正……朝廷之列，以右为尊，故谓降秩为左迁，仕诸侯为左官也。"据此，"右迁"表示向上调职，即是升职之义；"左迁"则表示向下调职，即是"降职"之义。可见，例句中的"迁"既非升职"义，更非"降职"义，而是中性的"调职"义。这显然是用于职官的"升职"义的泛化，也可认为是"迁"的"迁徙、更易"义的引申。

因此，上面的疑问就得到了解答，即"左迁"的"降职"之义主要在于"左"的"贬下"义，而不是因为"迁"有所谓"降职"义。"迁谪"犹言"谪迁"，也与"左迁"相类，不过"迁谪"为动补结构，其"贬谪"之义全在"谪"，"迁"也是中性的"调职"义。其他如"迁斥""迁黜""迁夺""迁贬"等，皆属此类情况。这些词语之所以有"降黜"之义，皆可归因于所组合的"斥""黜""夺""贬"等的词义。因此，"迁"均为升职或中性的"官职调动"义。所谓"降职"义是受复合词中其他构词语素语义影响而产生的误解，当然随着这一"语境吸收"义的频繁使用，最终"迁"会不会单用来表"降职"义，让我们拭目以待。关于这一问题，同学们课后可以详细参考沈小仙、黄金贵《"迁"有"降职"义吗》一文（《古汉语研究》2006年第4期）。

训诂学的功用二

三　可以指导辞书编纂，以进一步提高语文辞书的质量

训诂学对辞书编纂的作用，最主要的是释义的准确，辞书的科学性主要通过准确的释义来体现。如果某些词语没有适当的古注作参考，那我们在辞书中替它作解释时更要小心，最好先进行一番考证，弄清它的真实含义后再作注，切忌望文生训，否则会很容易犯错误。

例如"肉搏""肉薄"这两个词，《汉语大词典》中"肉搏"释义和书证为："徒手或用短兵器搏斗。田汉《卢沟桥》第4幕：'我们没有精良的武器，只凭我们一点爱国热诚，跟敌人肉搏。'管桦《惩罚》4：'这是一场最后解决战斗的惊心动魄

的肉搏,反抗侵略的人民与侵略者决死的拚杀!'杨沫《青春之歌》第 2 部第 41 章:'在冰、血中,在肉搏中,人们前仆后继地斗争着。'"而"肉薄"的释义和书证为:"两军迫近,以徒手或短兵器搏斗。《宋书·臧质传》:'虏乃肉薄登城,分番相代,坠而复升,莫有退者。'唐温大雅《大唐创业起居注》卷 2:'时无攻具,肉薄而上,自申至酉,遂平霍邑。'……"显然,《大词典》认为二者的意思大同小异,如若不细加考察,可能无法察觉二词的显著差异。

从对六朝史书的考察来看,"肉薄"一词犹言成群结队、蜂拥而上,其出发点是形容进攻一方人数多、攻势猛,而并不着眼于"以徒手或短兵器搏斗"。例如《宋书·南平穆王铄传》:"城内有一沙门,颇有机思,辄设奇以应之。贼多作虾蟆车以填堑,肉薄攻城。宪督厉将士,固女墙而战,贼之死者,尸与城等,遂登尸以陵城,短兵相接。"再如《南齐书》卷 25《垣崇祖传》:"崇祖谓长史封延伯曰:'虏贪而少虑,必悉力攻小城,图破此堰。见堑狭城小,谓一往可勊,当以蚁附攻之。……'虏众由西道集堰南,分军东路,肉薄攻小城。"前言"蚁附攻之",后言"肉薄攻小城",可知"肉薄"和"蚁附"义近。盖"肉薄"者,"肉"指士兵身体,"薄"谓靠近、紧挨,"肉薄"就字面义而言,是说身体挨着身体,多描述交战中进攻一方的攻势很猛。《汉语大词典》之所以那样解释,可能因为"肉薄"和"肉搏"字形相近,编者未能明察它们之间的区别,就将它们混为一谈了。

再看一个例子,翻阅《汉语大词典》《辞源》及各种虚词词典时,会发现"常"作副词解时,义项主要有四个:1.用于动词谓语前,表示动作行为的持续和经常。义即"常常""经常"。2.用于动词、形容词谓语前,表示行为、情态的永久性。义即"永远""长久"。3.同"尝"。义即"曾""曾经"。4.表示动作行为的一贯性,义即"素来""一向"。另外,王锳先生在《诗词曲语辞例释》中补充了"常"的用法:"常,等于说果真,用在选择性的假设问句中,往往与下一句的'好'、'若'等字相应。有时写作'长'。"

但鞠彩萍老师(2005)提出,在阅读白居易诗时发现白诗中某些诗句的"常"作上述义项讲都很牵强,从文意上也说不通。通过上下文比照意义后她指出,白诗中不少诗句里的"常"只能释为程度副词"甚"或"极",比如白居易诗《和韦庶子远坊赴宴未夜先归之作兼呈裴员外》:"到时常晚归时早,笑乐三分校一分。"由题目可知,此句是说韦庶子那次赴宴,到得很晚,离席很早,酒席上少了许多欢乐;"校",差也,言三分欢乐少了一分欢乐。又《和杨同州寒食乾坑会后闻杨工部欲到知予与工部有宿醒》:"夜饮归常晚,朝眠起更迟。"此句与上例同,是说作者自己那次"寒食乾坑会"回来得挺晚,因而早晨起床甚迟,"更"此处作"甚"义讲,"常""更"同义互文。"宿醒",犹宿醉,即经宿尚未全醒的余醉。又《郡西亭偶咏》:"常爱西亭面北林,公私尘事不能侵。"此句因果倒置,是说西亭面北的那片林子因为没有公私尘事的侵扰,作者特别喜爱它。此处"常"不可以解释为"常常、经常"。又《咏家酝十韵》:"常嫌竹叶犹凡浊,始觉榴花不正真。""常"应为"甚、极"义。"家酝"即自家酿制的酒,这首诗前几句主要写家酝酿制的原料之精致、方法之独特,然后写自己尝了家酝之后的独特感受,连"竹叶"都觉得凡浊,"榴花"味道也不那么纯正;"竹叶""榴花"皆当时佳酿;"嫌"作"厌恶,不满意"讲。同时期的杜甫诗里也有相同用法,如《秦州杂诗》二十首之十九:"凤林戈未息,鱼海路常难。"凤林、鱼海均秦州即陕西地名。"常难",犹甚难也。又《杜鹃行》:"其声哀痛口流血,所诉何事常区区","区区",辛苦之义,"常区区"即甚辛苦也,此状杜鹃当时之情貌。这不禁让我们想到中小学语文教材中也时见这样的用法,字形或作"长",如白居易的《大林寺桃花》:"人间四月芳菲尽,山寺桃花始盛开。长恨春归无觅处,不知转入此中来。"其中"长恨"一般都会按字面理解为"常常怅恨、惋惜"。经鞠彩萍老师的论证会发现,一般的解释系隔靴搔痒,未得确诂。如果扩大调查范围会发现,"常"的这一用法早在汉代已出现,如《悲愤诗》:"感时念父母,哀叹无穷已。有客从外来,闻之常欢喜。迎问其消息,辄复非乡里。""常欢喜",犹言甚欢喜也。南北朝时期也不乏见例,比如刘公干《赠从弟》三首之三:"凤凰集南岳,徘徊孤竹根。于心有不厌,奋翅凌紫氛。岂不常勤苦?羞与黄雀群。""常勤苦"犹言颇勤苦也。关于这一问题,同学们可以具体参考鞠彩萍《试说"常"有"甚"义》(《古汉语研究》2005 年第 4 期)。

训诂学的功用三

四 可以指导古文献校理,为古籍整理工作服务

整理古籍是传承中华文化、造福学术界的大事,是功在当代、利在千秋的文化大业。而古籍整理总是与训诂学相伴而行,古籍整理是训诂学的重要研究课题和研究目标,训诂学的原理、方法在古籍整理中付诸实践。可以说,古籍整理离开了训诂学就无法顺利进行。古籍整理的断句(标点)、文本校勘、注释、翻译等方面的工作,都需要训诂学的指导,下面我们分别来看。

(一)关于标点

古人作文,多不加标点,这使我们的古籍阅读和古籍整理难以进行。正如吕叔湘先生(1983)所言:"标点是整理古籍的第一关。"没有标点或标点有误会导致文理不通,或文意不明,或前后抵牾,或情理不合,也必将使古籍整理难以进行。而标点古书绝非易事,这取决于标点者的学术素质和广博的学识。正确分析句读、标点古籍,首要的是要明词义、明句意。训诂学自古以来就是围绕着解释词语这个最为核心的内容,在解读古文献中逐渐系统化、逐渐深化并发展起来的一门学问。所以训诂学在古籍整理的标点环节必然发挥举足轻重的作用。

比如《孟子·公孙丑上》中"其为气也至大至刚以直养而无害则塞于天地之间"一句,朱熹读成"其为气也,至大至刚,以直养而无害,则塞于天地之间"。杨伯峻的《孟子译注》采用此说,把"以直养"解释为"用正义去培养"。但根据上下文意,总感觉扞格难通。其实,朱熹断句有误,王念孙利用训诂学知识,训释"以"字古有"而"字义,"至大至刚以直"正与《尚书·金滕》的"天大雷电以风"句法一样,也就是"至大至刚而直"。这一改读,便文字顺从,十分易懂。

再比如上海古籍出版社 1984 年新版《水浒》有这样两处标点,《水浒》第 2 回:"你托谁的势,要推病在家,安闲快乐。"又第 33 回:"倚托妹子的势,要在青州横行。"粗粗看去,似乎没问题。其实,"势要"应该是一个词,此词唐修史书已经出现,《周书》卷 27《蔡祐传》:"至于婚姻,尤不愿交于势要。"其中,"势要"指有权势之人,元明时期又由名词引申出形容词的用法,"(有)权势、势力"的意思,近代汉语作品中习见。像《元曲选·包待制三勘蝴蝶梦》:"我是个权豪

《孟子译注》、《读书杂志》书影

势要之家，打死人不偿命。"《西游记》第 74 回："这魔头果是神通广大，势要峥嵘。"《初刻拍案惊奇》卷 16："蕙娘又将灿若上上下下仔细看了一会，开口问道：'你京中有甚势要相识否？'""要"在元明时期又有能愿动词的用法，因此，在上述《水浒》的一些语境中"势要"很容易被拆开理解。

我们再来看一个例子，《史记》卷 111《卫将军骠骑列传》："于是天子曰：'剽姚校尉去病斩首虏二千二十八级，及相国、当户，斩单于大父行籍若侯产，生捕季父罗姑，比再冠军，以千六百户封去病为冠军侯。上谷太守郝贤四从大将军，捕斩首虏二千余人，以千一百户封贤为众利侯。'"这句话中华书局标点本"比"属上读，并于"罗姑比"下加专名线，对此，王彦坤先生（2005）指出，这样标注可能有问题，另外，中华书局标点本《汉书》卷 55《霍去病传》同一句虽知以"罗姑"为名，而"比""再"仍分属上下读，也不对。王先生提出，"比再"应该是一个同义复词。"比"作副词用，即可表示"接连地，连续地"的意义。如《战国策·燕策二》："人有卖骏马者，比三旦立市，人莫之知。""比三旦"也就是"接连三个早上"的意思。"再"也有重复、多次的意思。如《吕氏春秋·遇合篇》："孔子周流海内，再干世主，如齐至卫，所见八十余君。"陈启猷校释曰："此再字即前《慎人》'夫子再逐于鲁'之再，不止一次之意，故下文云'见八十余君'。"《晏子春秋·外篇下十四》："东海有虫，巢于蚊睫，再乳再飞，而蚊不为惊。""再乳再飞"中的"再"是"多次"义。《吴越春秋》卷 3《王僚使公子光传》："渔父去后，子胥疑之，乃潜身于深苇之中。有顷，父来，持麦饭、鲍鱼羹、盎浆，求之树下，不见,因歌而呼之曰:'芦中人,芦中人,岂非穷士乎?'如是至再,子胥乃出芦中而应。""如是至再"之"再"也是表示多次。"比""再"合成一个同义复词,表示"接连地、连续地"的意思,后来的史书仍用,如《汉书·五行志上》:"是时,比再遣公主配单于,赂遗甚厚。"同书《五行志下之下》:"日比再食,其事在春秋后,故不载于经。"同书《胶西于王刘端传》:"有司比再请,削其国,去太半。"《后汉书·显宗孝明帝纪》:"而比再得时雨,宿麦润泽。"这反过来证明《史记·卫将军骠骑列传》和《汉书·霍去病传》中的"比再"是一个词,中华书局标点本将之断开是不妥的。有关"比再"的详细讨论,同学们可参考王彦坤先生《〈史记〉所见辞书未收词语考释》(《中国语文》2005 年第 2 期)中的"比再"一条。

训诂学的功用四

(二)关于校勘

校勘的主要内容之一就是勘正文字讹误。比如我们熟悉的《触龙说赵太后》一篇,其中有句话在现行的《战国策》本子中多作:"左师触詟愿见太后,太后盛气而揖之。"这句话在《史记·赵世家》作"左师触龙言愿见太后,太后盛气而胥之"。两份史料在"詟—龙言""揖—胥"两处构成了异文材料,然孰是孰非,一时难以定夺。清代学者黄丕烈《重刻剡川姚氏本战国策札记》、王念孙《读书杂志》观点一致,都指出《战国策》"触詟"当从《史记》作"触龙言",即"詟"应该是"龙言"二字的误合;对于另外一处"揖"字,元人吴师道《战国策补正》、王念孙《读书杂志》指出当从《史记》作"胥"。"揖"写法和"胥"相近而误,"胥"是等待的意思。如《诗经·邶风·匏有苦叶》:"招招舟子,人涉卬否。人涉卬否,卬须我友。"最后一句即"我在等候我的朋友"的意思,其中"须"通"胥","等待"的意思。1973 年在长沙马王堆三号墓出土的帛书《战国纵横家书》这一句正作"左师触龙言愿见,大(太)后盛气而胥之",可以证明前述学者的校勘是正确的,之所以不借助出土文献依然可得确解,完全在于学者们深厚的训诂学素养。

再比如《先秦汉魏晋南北朝诗·汉诗》卷 10《乐府古辞·上留田行》:"里中有啼儿,似类亲父子。回车问啼儿,慷慨不可止。"逯钦立校曰:"'父'字当是'交'字残文。亲交,汉人习语。"可见,逯氏之所以有把握校"父"为"交",是因为他知道汉人喜欢使用"亲交"这个词,"亲交"犹言朋友,在汉代典籍中多见,是当时的口语词。同是《先秦汉魏晋南北朝诗·汉诗》中亦不乏其例,比如《汉诗》卷9《乐府古辞·善哉行》:"亲交在门,饥不及餐。"即生活艰辛,即便有朋友来做客,也没有什么可吃的,只能让朋友饿肚子。又《妇病行》:"闭门塞牖,舍孤儿到市。道逢亲交,泣坐不能起。"其中"亲交"也是"朋友"的意思。《上留田行》"似类亲交子"一句是说,路上遇到的哭啼的小孩长得很像朋友的儿子,这样联系上下文,就比较好理解了。

《先秦汉魏晋南北朝诗》书影

再看一例:

人民文学出版社1980年版《西游记》第34回:"老魔一见,认得是行者,满面欢喜道:'是他!是他!把他长长的绳儿拴在柱枓上耍子!'"(441页)

按:四川文艺出版社1987年版朱彤、周中明校注、吴小如审订本《西游记》注:"柱枓——我国传统木结构建筑中的一种支承构件,处于柱顶、额枋和屋顶之间。"张季皋主编《明清小说辞典》、曾上炎《西游记辞典》都举此一例。《汉语大词典》《汉语大字典》"枓"字条也都分别举本例为证。周志锋先生(2005)指出,其实,《西游记》原文有误,四川文艺版《明清小说辞典》《西游记辞典》据误字为训,误上加误;《汉语大词典》《汉语大字典》以误字为证,义例相左。周先生明确提出,"柱枓"当作"柱科",柱子,房柱。"枓"与"科"形近致误。上海古籍出版社1991年新1版清陈士斌评、沈习康、黄强标点本作:"老魔一见,满面喜笑道:'是他!是他!且把他拴在柱科上耍子。'"(423页)中华书局1993年版黄永年、黄寿成点校本(290页)、《古本小说集成》本《西游证道书》(679页)

文字同上海古籍版,均作"柱科";《古本小说集成》世德堂本《西游记》作"把他长长的绳儿拴在柱科上耍子"(851页),也作"柱科",是其力证。《西游记》第23回:"那呆子真个伸手去捞人,两边乱扑……东扑抱着柱科,西扑摸着板壁。"黄肃秋注:"柱科——就是房柱。"亦可比勘。字又作"柱楺",《隋史遗文》第29回:"还亏了风高地面,那草楼像生根柱楺,不然一霎儿就捱倒了。""柱科"当柱子讲,是吴语,今江苏丹阳、靖江、海门、启东、吕四等地犹管柱子叫"柱科",字则多作"柱楺"或"柱窠",如木头柱楺、水泥柱楺。(参看许宝华、宫田一郎主编《汉语方言大词典》3839页,李荣主编《现代汉语方言大词典》2609页)《广雅·释诂三》:"科,本也。""科"古有植物的根茎义,"柱科"之"科"盖取此义。《汉语大词典》"柱科"条举《西游记》第23回例而释曰:"柱科,柱身。科,物体中部。"似欠准确。关于这一问题,同学们可以详细参考周志锋《〈西游记〉"柱科"当为"柱科"》(《中国语文》2005年第6期)一文。

训诂学的功用五

(三)关于注释

为古籍作注释是古籍整理的一项重要工作,虽然训诂学不能涵盖注释这门学问的全部内容,但训诂是注释的重要基础,所以前人论古籍的解释,总离不开训诂学。

比如我们非常熟悉的《归园田居》:"暧暧远人村,依依墟里烟。"新课标高中《语文》第二册注释说:"暧暧远人村,远处的村庄隐约可见。暧暧,昏暗,模糊。依依,轻柔而缓慢地飘升。"释"暧暧"为"模糊不清的样子",是正确的;而释"依依"为"轻柔而缓慢地飘升",则没有训诂上的根据。"依依",或作"暧暧",《离骚》"时暧暧其将罢兮",汉王逸《章句》:"暧暧,昏昧貌。"或作"翳翳",《归去来兮辞》"景翳翳以将入,抚孤松而盘桓"。"翳翳",昏暗的样子。"翳""暧"都是影母字。或作"曀曀",《后汉书·冯衍传》"日曀曀其将暮兮",李贤注:"曀曀,阴晦貌也。"引申为"盛密"义,因为训"盛密"与训"昏暗",意义上是相通的。或作"依依",《诗经·采薇》"昔我往矣,杨柳依依。今我来思,雨雪霏霏。""依依""霏霏"对文,"霏霏",说雨雪之密;"依依",说杨柳之茂。"依依墟里烟",是形容炊烟之浓密,"依依"犹说浓密、昏暗的样子,与上句"暧暧"同义对文。

再看一个例子，清钱大昕《弈喻》："弈之优劣，有定也。一著之失，人皆见之；虽护前者，不能讳也。"朱东润《中国历代文学作品选》下编第二册注："前，指前此之失。别本或改为'短'。"对此，方一新先生（2007）做过详细考证，方先生指出朱东润注解以"前"为"前此之失"，有增字为训之嫌，此注不确；或本改"护前"为"护短"，尤妄。"护前"是魏晋以来习语，六朝典籍多见。《三国志·蜀志·关羽传》："羽闻马超来降，旧非故人，羽书与诸葛亮，问超人才可谁比类。亮知羽护前，乃答之曰：'孟起兼资文武，雄烈过人，一世之杰，黥、彭之徒，当与益德并驱争先，犹未及髯之绝伦逸群也。'羽美须髯，故亮谓之髯。羽省书大悦，以示宾客。"又《吴志·朱桓传》："桓性护前，耻为人下。每临敌交战，节度不得自由，辄嗔恚愤激。"《宋书·刘瑀传》："瑀性陵物护前，不欲人居己上。"《梁书·沈约传》："先此，约尝侍宴，值豫州献栗，径寸半，帝奇之，问曰：'栗事多少？'与约各疏所忆，少帝三事。出谓人曰：'此公护前，不让即羞死。'"《新唐书·于志宁传附孙休烈》："宰相李揆矜己护前，羞与同史任为等列，奏徙休烈为国子祭酒，权留史馆修撰，以卑下之。"又《奸臣传上·李林甫》："于时有以材誉闻者，林甫护前，皆能得于天子抑远之，故在位恩宠莫比。"此词已有辞书及多位学者作过解释，然聚讼纷纭，要而言之，约有以下数端：1.回护以前的错误；护短。2."护"通"妒"，"护前"即"妒前"；又"护前"为提防、阻遏胜己之人。3.争占前列。4.维护其在先。此外，尚有"爱居人上""维护脸面""自高"等解释。

方一新先生（2007）指出，以上诸家所说，都有一定的理据，但揆之文义，除了第4说庶几近之外，其他均有未谐。第4说以"护"为"维护"，"前"为"先""在先"，"护前"为"维护（保持）其在先"，比较合乎"护前"的原意。理由就是，从"护""前"的本义、引申义来看，"护前"一词的"护"只能解释为"守护、保护"，"前"只能理解为"前面、前列"，由具体的方位引申指处前的位置或地位，"护""前"其他义项的搭配与词义不相吻合。因此，"护前"一词，就字面义而言，为守护前列、防护居前的位置，动宾结构；多用于与他人比试高低的场合，犹言好胜、要强、爱面子，舍此别无洽解。详情同学们可以参考方一新先生的《中古词语"护前""觉损"考辨》（《中国语文》2007年第5期）一文。

训诂学的作用六

(四)关于翻译

古籍的翻译是今人用现代汉语去解读古代文本里的古代汉语,力求最大限度地再现古籍原貌。古注中的串讲实际上就是翻译,可见翻译这种训诂体式也是由来已久的。翻译的基本原则是"信""达""雅",对于古籍今译来讲,尤以"信"(即准确性)为首要原则,而翻译的时候要注意不能犯"以今例古"的毛病,特别是一些字面普通而古今词义有别的词语。比如《齐桓晋文之事》"齐国虽褊小,吾何爱一牛"一句,"爱"很容易照字面义被理解为"喜爱、喜欢",其实"爱"古代还有"吝惜"的意思,这里应作后者解,即"齐国虽然土地狭小,我怎么至于吝惜一头牛?"像这样的情况有不少,我们在阅读古书时要注意。汪维辉先生提出古代文献解读中"以今例古"现象的深层次原因是"当代语感干扰",是很有道理的。汪先生还提出了三点对策:第一,要有清醒的认识,保持警觉,谨慎对待,努力穿越到古代,最大程度还原古代的"活语言";第二,要努力培养对古代文献的语感,将一批有代表性的古书熟读成诵,克服"当代语感"的惯性;第三,要进行深入的学习和研究。①

类似的例子还有,《世说新语·栖逸》:"(孟)少孤未尝出,京邑人士思欲见之,乃遣信报少孤云:'兄病笃。'狼狈至都。""狼狈"一词如果译者照其常义翻译,就有问题。六朝时,"狼狈"产生了"匆忙、急遽"这一新义,如《魏书·司马楚之传》:"引见毛奴兄灵之,谓曰:'杀人取钱,当时狼狈,应有所遗,此贼竟遗何物?'"唐释慧琳《一切经音义》卷 89《高僧传》卷 2 音义:"狼狈,《考声》云:'猝遽也。'"《集韵·太韵》:"狈,……故猝遽谓之狼狈。"因此,上面《世说》中"狼狈至都"应该是匆忙赶到京都。

除了词汇的例子,语法的例子也有一些。比如《老子》第 80 章:"甘其食,美其服,安其居,乐其俗,邻国相望,鸡犬之声相闻,民至老死,不相往来。"这句话有人译作:"吃得香甜,穿得漂亮,住得安适,过得习惯……"译文与原义大相径庭。"甘其食"四句是古汉语语法学中的所谓意动用法,意即"以其食为甘,以其服为美,以其居为安,以其俗为乐",是主观上认为怎样,并非说真的"吃得香

---

① 详参汪维辉教授"谈古代文献解读中的'当代语感干扰'问题"的线上学术讲座(山东大学新杏坛,2022 年 4 月 21 日)。

甜,穿得漂亮……"

再看一例,《诗经·氓》:"三岁为妇,靡室劳矣。"郑笺:"靡,无也。无居室之劳,言不以妇事见困苦。"孔疏:"妇人追说己初至夫家,三岁为妇之时,颜色未衰,为夫所爱,无室家之劳,谓夫不以室家妇事以劳于己。"蒋冀骋先生《语词小札》(《古汉语研究》2009 年第 4 期)一文提出,笺与疏皆谓妇人无室事之劳,然上有舅姑,下有昆弟,作为媳妇,除非大户人家,怎能做到无室务之劳?故此说于情理不通。故后世注家多不依从。朱熹《诗集传》云:"言我三岁为妇,尽心竭力,不以室家之务为劳。"曾运乾《毛诗说》云:"言不以室事为劳也。"显从朱说。今人高亨《诗经今注》读"室"为"恎",训为怕,谓不怕辛劳。余冠英《诗经选》云:"言所有的家庭劳作一身担负无余。"没有从训诂的角度来解说文意,亦不可信从。至于马瑞辰《毛诗传笺通释》云:"不可以一劳计。"则于文于理,均无所取裁,当别论。

在前人研究基础上,蒋冀骋先生进一步指出,朱氏"不以室家之务为劳",则以"劳"为动词,"室"为宾语,视此句为宾语提前句,即"靡劳室矣",然先秦宾语提前句的通则是:否定句中代词做宾语,宾语提前。"室"不是代词,不合语法通则。故朱说不可取。高亨氏读室为"恎","室"与"恎"虽然同偏旁,但同偏旁字不一定都可通用。如果认为可以通用,必须举出二字通用的文献例证,同时还应举出"恎"在《诗经》中作"怕"解释的其他例证。此外,"恎"字不见于《说文》,整部《诗经》也未见此字,其他上古文献也罕见此字,说"室"为"恎"之假借,不可信。又王念孙《广雅疏证》卷 2 下云:"恎忪者,《玉篇》:'恎忪,惶遽也。'"渊博如王氏,也没有举出"恎"训"惧"的例证,而是将"恎忪"作为一个连绵词来处理的。纵使"室"可通"恎","恎"也不能释为惧怕,连绵词不能单用。故高说虽新颖,但不可取。今谓郑笺孔疏所释,固于情理不合,但词义训释,仍有可取。"靡室劳"就是"没有室家之劳","靡"训"没有",是动词,"劳"是"劳作",是名词。唯将主语理解为"妇人",则误。蒋冀骋先生认为,郑孔的解释于情理不通,就是由于他们对主语理解有误造成的。如果将此句的主语理解为男方,则文从字顺,情理两通。此节为妇女哭诉:"我做你家的媳妇多年(也可理解为实数三年),你没有任何室家的劳作。我早起晚睡,并非一朝一夕,天天如此。"如此理解,了无滞碍,无须假借,也不违背语法规则。省略主语,以求简洁,是诗歌语言的特点,补出主语,即可得其原意。

(五)关于辨伪

训诂学的作用七

古籍的辨伪工作包括辨析作品写作年代、作家和方言成分之"伪",如徐复《从语言上推测〈孔雀东南飞〉一诗的写作年代》一文。《孔雀东南飞》又名《古诗为焦仲卿妻作》,向来被认为是汉末的作品,逯钦立《先秦汉魏晋南北朝诗》将此诗载入《汉诗》卷10,徐复经过周密考证,确定该诗写定于东晋。另可参考的辨伪文章还有:张永言《从词汇史看〈列子〉的撰写时代》、柳士镇《从语言角度看〈齐民要术〉卷前杂说非贾氏所作》、汪维辉《〈齐民要术〉卷前杂说非贾氏所作补证》等。

我们看一个具体的例子,游顺钊《烧卖》(附载于《吕叔湘先生语言学小品文赏读》,《中国语文》2004年第5期)一文是一篇很有意思的语言学小品文,其中涉及元明清时期朝鲜汉语教科书《朴通事》。汪维辉先生对游文提到的《朴通事》的成书年代及版本作了一些商补。汪文指出:游文在"参考书目"中将《朴通事》的成书年代定为"1271—1368年间",所据为台北联经出版事业公司1978年版的《老乞大谚解·朴通事谚解》。按照学术界通行的看法,作为朝鲜李朝(1392—1910)最重要的汉语会话课本的《老乞大》和《朴通事》,都应该编写于元末,相当于高丽朝(918—1392)晚期。朱德熙先生(1958)据书中所记步虚和尚说法事考定,《朴通事》当作于元至正六年(1346)以后、元亡(1368)以前的二十余年之间。其说可信。游文把《朴通事》成书年代的上限推到1271年(南宋末),恐怕太早了。另外,关于《朴通事》最早的版本,汪文也指出,传世的《朴通事》有多种版本,主要的有三种:《翻译朴通事》(上,1517年)、《朴通事谚解》(上、中、下,约1677年)和《朴通事新释》(1765年)。其中《翻译朴通事》为李朝著名语言学家崔世珍对《朴通事》所作的谚解,这是今天所见最早的《朴通事》版本(像《原本老乞大》那样的古本《朴通事》迄今尚未发现),可惜已经不全(只存上卷,缺中、下卷)。因此,游文称"公元14世纪朝鲜李朝的《朴通事谚解·下》"(467页),不妥。同学们可以详参汪维辉《〈朴通事〉的成书年代及相关问题》(《中国语文》2006 年第 3 期)一文。

(六)关于辑佚

辑佚是对以引用的形式保存在其他存世文献中的已经失传的文献材料加以搜集整理,使已经佚失的书籍文献得以恢复或部分恢复的行为。通过辑佚得到的文献,称为辑本或辑佚本,研究辑佚的历史、方法、原则和其他相关问题的学科,称为辑佚学。从事辑佚这项工作,除了需要具备版本、目录、校勘等文献学知识以外,也需要一定的训诂学知识作指导。因为古籍屡经传抄,异文别写纷出,错误惊人,如何正确选择取舍,是很有讲究的。具体又分作两种情况:原书尚存,但有短缺,从其他记载中辑录补充;原书已佚,而在他书中尚有全书或片段保存,可据以钩沉重现或辑录复原。这里我们看一个辑佚的例子:

《晋书》是东晋学者王隐的一部史书,原有 93 卷,但后来亡佚,后世有辑佚者,如清人汤球编辑《九家旧晋书辑本》。《晋书》中原有贾充的传记,其中有贾充妻郭氏善妒的事情,后世类书中时见相关片段,如《艺文类聚》卷 35《人部·妒》引王隐《晋书》:"贾充妻郭,产子黎民。三岁,乳母抱向阁。充入,黎民喜勇,充恶之。郭遥望见,疑充,即鞭乳母杀之;儿思乳母而死。"《太平御览》卷 521《宗亲部·乳母》也有上述文字,但"勇"改作"踊"、"恶"改作"呜"。清人汤球进行辑录时,注明所依据的就是《艺文类聚》和《太平御览》这两卷,但其中"充恶(呜)之"一句改作"充就乳母手中呜之",并在"呜"下注:"一作戏。"可见,汤球认为"呜"系"呜"字之误,结合"一作戏"的注解,汤氏可能理解为贾充用声音逗引孩子的意思。另外,考"充就乳母手中呜之"一句《世说新语》中亦见,作"充就乳母手中呜之"。

其实,《太平御览》《世说新语》作"呜"是对的,"呜"是亲吻的意思,汉魏以来口语词,佛典多见。如失译《大方便佛报恩经》卷 4《恶友品》:"父母忧愁,畏其不济,七日即前,呜抱手足,善言诱喻,可起饮食。"西晋竺法护译《生经》卷 4《佛说负为牛者经》:"牛径前往趣佛,屈前两脚,而呜佛足。"《类聚》作"恶"者,因与"呜"音近而误。实际上,古代的字书、韵书等已经有所记载,只不过文字上稍有变化罢了。《说文·欠部》:"歍,……一曰口相就也。"《广韵·屋韵》:"歍噈,口相就也。"从欠旁的"歍"就是从口旁的"呜",从欠旁的"歍噈"就是从口旁的"鸣嗷"。口旁、欠旁的字时有偏旁互换,是谓异体字关系,如"嘆—歉""呕—歐"等。"充就乳母手中鸣之"是说,贾充就乳母手中亲吻儿子黎民,郭氏从远处望去,认为两个人行为不轨,便借此鞭打乳母致死,儿子又因思念乳母而亡,郭氏善妒导致了一场如此惨烈的家庭悲剧。

训诂学的功用八

第二章课后思考题:

1.请简述你对《庄子·秋水》中"望洋向若而叹"的理解。

2.请分别列举古代文献中"肉搏"和"肉薄"的 3 条用例,并分析其含义。

3.请列举徐复先生《从语言上推测〈孔雀东南飞〉一诗的写作年代》一文中主要运用了哪些语言现象来推定《孔雀东南飞》的写作年代?

4.请列举目前中学语文教材文言文注释不妥的两处例子。

本章参考文献

[1]《训诂简论》,陆宗达,北京出版社,1980 年

[2]《训诂丛稿》,郭在贻,上海古籍出版社,1985 年

[3]《释"败绩"》,鲁毅,《辞书研究》1990 年第 3 期

[4]《也释"败绩"》,方有国,《古汉语研究》2011 年第 3 期

[5]《义府续貂》(增订本),蒋礼鸿,中华书局,2020 年

[6]《"迁"有"降职"义吗》,沈小仙、黄金贵,《古汉语研究》2006 年第 4 期

[7]《试说"常"有"甚"义》,鞠彩萍,《古汉语研究》2005 年第 4 期

[8]《整理古籍的第一关》,吕叔湘,《中国出版》1983 年 4 期

[9]《孟子译注》,杨伯峻,中华书局,2008 年

[10]《〈史记〉所见辞书未收词语考释》,王彦坤,《中国语文》2005 年第 2 期

[11]《先秦汉魏晋南北朝诗》,逯钦立辑校,中华书局,2017 年

[12]《〈西游记〉"柱科"当为"柱科"》,周志锋,《中国语文》2005 年第 6 期

[13]《中国历代文学作品选》,朱东润,上海古籍出版社,2002 年

[14]《中古词语"护前"、"觉损"考辨》,方一新,《中国语文》2007 年第 5 期

［15］《语词小札》，蒋冀骋，《古汉语研究》2009 年第 4 期

［16］《从语言上推测〈孔雀东南飞〉一诗的写定年代》，徐复，《学术月刊》1958 年第 2 期

［17］《从词汇史看〈列子〉的撰写时代》(修订稿)，张永言，《汉语史学报》第 6 辑

［18］《从语言角度看〈齐民要术〉卷前杂说非贾氏所作》，柳士镇，《中国语文》1989 年第 2 期

［19］《〈齐民要术〉卷前杂说非贾氏所作补证》，汪维辉，《古汉语研究》2006 年第 2 期

［20］《吕叔湘先生语言学小品文赏读——附〈烧卖〉小文纪念先生百年诞辰》，游顺钊，《中国语文》2004 年第 5 期

［21］《〈朴通事〉的成书年代及相关问题》，汪维辉，《中国语文》2006 年第 3 期

第三章 训诂学的内容

学习目标：

1.掌握训诂学的主要内容

2.掌握常见的古人行文的惯例

传统训诂实践的主要目的在于让人读懂古代典籍,它以典籍词语解释为主要任务,概括起来,大致有释词解句、解释疑难词语、阐明语法、辨析古书异例四个方面,我们分别来看。

一 释词解句

在《沈学子文集序》中,戴震以极其精粹的语言,总结出"离词""辨言""闻道"这样一个治学的公式,他说:"凡学始乎离词,中乎辨言,终乎闻道。"而在二者之中,释词又是首要的,第一位的,正如黄侃(1983:195)所说:"训诂之事,在解明字义和词义。"很多时候,释词也要加以辨析。比如《诗经·七月》:"九月肃霜,十月涤场。"毛诗云:"肃,缩也,霜降而收缩万物。涤,埽也,场工毕入也。"对此,王国维却有不同意见,他认为:"(肃霜、涤场)皆互为双声,乃古之联绵字,不容分别释之。肃霜犹言肃爽,涤场犹言涤荡。……九月肃霜,谓九月之气清高颢白而已,至十月则万物摇落无余矣。"相关论述,请同学们详细参考王国维《观堂集林》卷1。当然,可能会有同学不同意王国维先生的说法,欢迎同学们继续写文章讨论这个问题。

再看一个例子,有学者认为古"冯"有"登"义,受词义渗透律的影响,所以"登"也有"凭依"之"凭"义,《左传·庄公十年》"登轼而望之"应该是"冯轼而望之"。对此汪少华先生(2006)指出:说"登轼"即"冯(凭)轼",不符合《左传》语

《观堂集林》书影

言事实。首先,将"登轼"释为"冯(凭)轼"的逻辑前提是:由词义渗透律的制约,因"冯"(凭)有"登乘"之"登"义,所以"登"也有"凭依"之"凭"义。但是,《左传》中既有"登轼而望之",又有"冯轼而观之":"子玉使斗勃请战,曰:'请与君之士戏,君冯轼而观之,得臣与寓目焉。'"(《僖公二十八年》)这就清楚地表明,《左传》"冯""登"分工明确,"登轼"不同于"冯轼"。其次,《左传》有"登丘而望之":"冬十月,华元自止之,不可,乃反。鱼府曰:'今不从,不得入矣。右师视速而言疾,有异志焉。若不我纳,今将驰矣。'登丘而望之,则驰。骋而从之,则决睢澨、闭门登陴矣。"(《成公十五年》)"登轼而望之"与"登丘而望之",句型相同,两"登"字词义应当相同。因而没有理由强生分别,一释为凭依,一释为升登。换言之,将"登轼而望之"的"登"释为"凭依",不仅无法解释"冯轼而观之",而且无法解释"登丘而望之"。而且,轼的高度也决定了"凭"之不利远望。《考工记》"以其广之半为之式崇。"就是以车箱宽度的一半作为轼的高度,郑玄注"兵车之式高三尺三寸"。根据出土的春秋至秦车舆实物,轼的高度大约为40厘米—65厘米,左右两旁的輢低于或等高于轼。因而登轼不仅可能而且可行。而"凭(冯)轼"就是"伏轼",《战国策·韩策三》"伏轼结靷西驰",《史记·孟尝君列传》作"凭轼";《史记·郦生陆贾列传》"伏轼下齐七十余城",《汉书·郦食其传》作"冯轼"。可见"凭(冯)"者就其手而言,"伏"者就其首而言。立乘于车上的曹刿若是凭轼,将手扶持在轼上,势必上身前倾、脑袋低俯。关于这一问题,同学们可以详细参考汪少华《古"登"字有凭义——兼谈"登轼而望之"〉商榷》(《古汉语研究》2006 年第 3 期)一文。

单个词儿的意思懂得了，整句话的意思不一定也能够懂得，所以训诂学的内容除了释词之外，还要进一步去解句，即解释整个句子的含义。而要弄通句意，还必须对句子进行语法分析，对于某些特殊的修辞现象，也不能忽视，所以语法和修辞，也是训诂学所不能不过问的。我们一起看下面的例子：

《左传·僖公四年》："寡人是问。"今天来读，现代汉语的语序是"寡人问是"，属于宾语前置。

《左传·隐公元年》："命子封帅车二百乘以伐京"，现代汉语的语序是"命子封帅二百乘车以伐京"，属于数量短语后置。

《左传·宣公十五年》："我无尔诈，尔无我虞。"按照现代汉语的语序，这句话是"我无诈尔，尔无虞我"，也是宾语前置。

《史记·陈涉世家》："广故数言欲亡，忿恚尉。"这句话的意思是说吴广故意多次说想逃跑，使军尉发怒。"忿恚"是不及物动词的使动用法。

晁错《论贵粟疏》："是故明君贵五谷而贱金玉。"是说"因此，圣明的君主以五谷为贵，以金玉为贱"，这又是古代汉语的意动用法。

《史记·项羽本纪》："范增数目项王。""数目"就是多次用眼神示意，"目"是名词作动词。

《战国策·秦策一》："嫂蛇行匍伏。"这里"蛇"是名词作状语，像蛇一样。

有些词儿被一定的修辞手法所制约，它的词汇意义已经被修辞意义所替代。比如李白《春夜洛城闻笛》："此夜曲中闻折柳，何人不起故园情！"其中的"折柳"指的是"折柳曲"。

释词、解句

二　解释疑难词语

古籍中也有单靠旧注和工具书还不能解决的问题，即某些疑难词语。比如《荀子·天论》："夫日月之有蚀，风雨之不时，怪星之党见。"对其中的"党见"历来说法不一，唐杨倞注云："党见，频见也，言如朋党之多。"王念孙《读书杂志·荀子第五》说："杨说甚迂，且训党为频，于古无据。惠氏定宇《九经古义》曰：'党见，犹所见也。'训党为所，虽据《公羊》注，然怪星之所见，殊为不词。余谓党古傥字，傥者，或然之词。怪星之党见，与日月之有蚀，风雨之不时对文，谓怪星之或见也。《庄子·缮性篇》:'物之傥来,寄也。'《释文》:'傥,崔本作党。'《史记·淮阴侯列传》'恐其党不就',《汉书·伍被传》'党可以侥幸',并与傥同。"

从王念孙的论述来看,杨注训党为频,古籍中没有证据,又说"言如朋党之多",显然属于望文生训;惠定宇训党为所,虽然依据了古代的训释,然代入相关例句中,于句意殊为扞格,唯王氏训党为或,算是解决了这个难题。

再如《史记·淮阴侯列传》:"虽有舜禹之智,吟而不言,不如瘖聋之指麾也。"有的选本将这句话解释为:"虽有舜、禹那样智慧的人,若光是呻吟而不发言,竟不如哑吧、聋子的会得指挥调度了。"这是以"呻吟"解释文字中的吟字,但是"呻吟却不发言"扞格难通。段玉裁指出,这个"吟"字乃是"噤"字的通假,《说文·口部》:"噤,口闭也。"吟而不言,即闭着嘴巴不说话。照段氏的解释来理解《史记》这句话,感觉通畅多了。当然,若"吟"本身有"闭口"之义,那么"吟而不言"不需经过"通假"这条路径也可以讲通,段氏"吟"通"噤"的解释,就似乎没有必要了。经考察,文献中确有"吟"表"语吃声音不清"的意思,如《后汉书·梁统传附梁冀》:"梁冀字伯卓。为人鸢肩豺目,洞精党眄,口吟舌言,裁能书计。"李贤注:"谓语吃不能明了。"可见,这一问题仍值得探究。

《史记》书影

还有一个问题,就是学界一直争论不休的古汉语中的"以"到底是动词"率领"还是介词"以",我们先看例子:

(1)王以诸侯伐郑。(桓5·3)

(2)宫之奇以其族行,曰:"虞不腊矣。"(僖5·8)

对于这种用法的"以",学界(郭锡良,1998;何乐士,1989)大多定性为"介词",但近年来有学者(胡安顺,1991,2001;于智荣,1996,2000,2002)不断提出质疑,认为不是介词,而是动词。通常认为,汉语介词是由动词转化而来的,"以"也不例外。在甲骨文里它是具有"率领""携带"等意义的动词,在西周金文里已经出现了一批介词的用例,到春秋战国时期基本完成了由动词到介词的转化(郭锡良,1998)。那么,对处在过渡状态的"以"的语法属性应当如何把握,转化完成或接近完成又以什么为标志?这是汉语史介词研究的一个重要课题。对转化程度的不同认识,是引发争议的主要原因。赵大明先生《〈左传〉中率领义"以"的语法化程度》一文专门讨论过这个问题,他认为,划分介词与动词之间界限的关键在于准确地找出并恰当地运用鉴别实体词语法化程度的标准和方法。

赵先生首先分析了质疑者的主要依据,赵文指出,胡安顺(1991)的8点理由里有6点都是从意义理解的角度得出的,如古代传注家的训释、与动词"帅"互用、根据上下文意分析、根据句子成分间的语义关系等;有关语法方面的理由只有两个,一是举出了两个"以"单独充当谓语的用例,二是提出介词"以"及其宾语可以出现在句中主要动词前后两个位置上,而表率领义的"以"则不能。赵大明先生认为,凭意义来判断一个词的语法属性是不可靠的,因为实词在虚化过程中,原有的实在意义在虚词中会有所保留(沈家煊,1998),所以必须着重从词的语法功能的角度来论证其语法属性的转化程度;而胡文那两个语法方面的理由也不足以说明问题,一方面仅仅两个例子不能证明"以"单独作谓语的用法在当时语言系统中的使用频率,另一方面并非各种用法的介词"以"及其宾语都可以无条件地出现在主要动词前后两个位置上。于智荣(2000,2002)除了从甲骨文字形、与动词互为异文、训诂家训释等意义角度进行论证以外,还提到了词的语法分布。对此,赵大明先生认为于文只是列举了六七组用例说明含率领义"以"所在的句式与"帅""率"所在的连动式相同。这同样不足以说明问题,因为所谓"分布"是指一个词所能占据的语法位置的总和,谈古汉语的"分布"就要对一定范围的文献材料做全面系统的考察,不仅要找到相同点,也要发现不同点,并辅以数据统计,这样才会有说服力。赵先生在前述诸家研究的基础上,通过句法环境、语法功能及其出现频率的标准、词义和搭配对象的标准这两项标准,证明《左传》中率领义的"以"已经由动词语法化为介词,其功能是"引进施事进行某种活动时所带领或携带的对象"。在确定介词词性以后,它所在的"连谓结构"也要重新分析为"偏正结构"。同时赵文也承认,同介词"以"的其他功能相比,这种功能所残留的动词义要多一些,语法化程度也稍低一些。关于这个问题,同学们可以详细参考赵大明《〈左传〉中率领义"以"的语法化程度》(《中国语文》2005年第3期)一文。

当然,有些所谓的"疑难词语"是与字形因素有关,即释词之前首先要破解字形讹误或通假等,求得本字,方能求得"疑难词语"的确解。比如《庄辛说楚襄王》中的一段:黄雀"俯啄白粒,仰栖茂树,鼓翅奋翼,自以为无患,与人无争也。不知夫公子王孙,左携弹,右摄丸,将加己乎十仞之上,以其类为招,昼游乎茂树,夕调乎酸咸。倏忽之间,坠于公子之手"。首先要了解一点的是,这段话有错简,据金正炜《战国策补释》卷3,末句应移在"昼游乎茂树"之前,也就是说正确的句子顺序是:"倏忽之间,坠于公子之手。昼游乎茂树,夕调乎酸咸。"这样于情理整段话便可以讲通了。另外,其中"以其类为招"一句颇让人费解,清人王念孙《读书杂志·战国策第二》指出:"类当为颈字之误也。招,的也,言以其颈为准的也。《文选》阮籍《咏怀诗》注,引此作'以其颈为的',《艺文类聚》鸟部、《太平御览》羽族部并引此云:'左挟弹,右摄丸,以加其颈。'姚曰:'《春秋后语》云:以其颈为的。'的或为招,招、的古声相近,故字亦相通也。",经过王念孙辨析讹字("类—颈")、考察异文("以其颈为的")、疏理声近通用字("招—的")这一番论证,这个问题就解决得非常完满了。

"通假"的例子,像我们比较熟悉的《左传·隐公元年》:"庄公寤生,惊姜氏。"杜预注"庄公寤生"为"寤寐而庄公已生",睡醒时孩子已出生,显然"易生",但却与后一句"惊姜氏"有矛盾。后来明代焦竑用通假法寻求"寤生"正诂,《焦氏笔乘》续集卷5"寤生"条:"据文理,'寤'当作'逜',音同而字讹。逜者,逆也。凡妇人产子,首先出者为顺,足先出者为逆。庄公盖逆生,所以惊姜氏。"即焦氏认为"寤生"是"难产"之义,故使姜氏受惊。明末清初的黄生也持"难产"说,《义府》云:"寤而已生,此正产之极易者,何必反惊而恶之?予谓'寤'当与'牾'通。牾,逆也。凡生子首出为顺,足出为逆,至有手及臂先出者,此等皆不利于父母。或其子不祥,故世俗恶之。庄公寤生,是逆生也。逆生则产必难,其母之惊且恶也宜矣。"朱骏声《说文通训定声》:"寤,假借为牾,足先见,逆生也。"即难产。另外,《史记·郑世家》中此事记作:"生太子寤生,生之难,及生,夫人弗爱。后生少子叔段,段生易,夫人爱之。""生之难"可证。

解释疑难词语

三 阐明语法

串通句意时,注意确定词与词、句与句之间的关系,暗示语法结构。杨树达先生说过:"余平生持论,读古书当通训诂,审词气,二者如车之两轮,不可或缺。通训诂者,前人所谓小学也。审词气者,今人所谓文法之学也。"(《词诠·序例》)

杨树达先生　　　　　　杨树达先生代表作

首先来看"联绵词"。"联绵词"是由双声、叠韵、既双声又叠韵、既非双声也非叠韵的两个字构成,"合二字为一词,两声共一义"。比如古人认为"狐疑"就是狐性多疑;"犹豫"中"犹"是五尺犬,"犹豫"指犬预先走人前,等人不到,又走回来。王引之《经义述闻》卷31"犹豫"条指出,两种说法都不对,狐疑、犹豫、踟蹰,犹与,皆为双声字。也就是说构成这些词的两个字只表音、不表义,两个字合在一起共同表义。

近些年,已有多位学者指出金元曲文和明清小说中不少联绵词系"变形重叠"的结果,比如石锓(2005)列举了曲律、团栾、秃栾等联绵词的例子:

1. 曲—曲曲/曲律

"曲"是形容词，"弯曲"的意思。唐代"曲"重叠为"曲曲"，这是不变形重叠。例如唐·刘禹锡《梦扬州乐妓和诗》："夜深曲曲湾湾月，万里随君一寸肠。"元代"曲"变形重叠构成"曲律"。例如《元曲选外编·黄花峪》一折："曲律竿头悬草稕，绿杨影里拨琵琶。""曲律"基式在前，重叠式在后。重叠式与基式相比，韵母不变，声母由[kʻ]变为[l]，这是顺向变声重叠。"律"在此处无义，是"曲"变形重叠出来的一个音节。现在福建的建瓯话、笔者的老家山东青岛话里"曲"也有"曲律"的说法，"律"就是无义的音节。

2. 团—团团/团栾

"团"也是形容词，"圆"的意思。汉代"团"重叠为"团团"，这是不变形重叠。例如汉·班婕妤《怨歌行》："裁为合欢扇，团团似明月。"唐代"团"顺向变声重叠，构成"团栾"，例如唐·唐彦谦《秋葵》："月瓣团栾剪赭罗，长条排蕊缀鸣珂。"

3. 团—秃栾

"团"构成"团栾"是顺向变声重叠式构词，构成"秃栾"是分音式构词。《全元散曲》郑光祖《梦中作》："皎皎洁洁照橹篷剔留团栾月明，正潇潇飒飒和银筝失留疏刺秋声。"《元曲选外编·独角牛》第二折："那独角牛身凛凛，貌堂堂，身长一丈，膀阔三停，横里五尺，竖里一丈，剔留秃圞，恰似个西瓜模样。""剔留团栾"与"剔留秃圞"都形容"圆"，"秃圞"就是"团栾"的意思，是"团"的分音词。

双音变形重叠词的第一音节是实语素，第二音节是表音性成分，不表义。这就导致了当这些词变韵重叠为四音节词时，只有第三音节有语义。因此，当AᴬAB变为A留AB时就只能强化第一音节的语义了。分音词的意义因被分之词不出现而变得难以捉摸，释义时各家分歧也大。只有弄清其语音关系，找到被分音之字，才能弄清楚它的意义。关于这一问题，同学们可以详细参考石锓先生《论"A里AB"重叠形式的历史来源》(《中国语文》2005年第1期)一文。

其次，要分清偏义复词。古汉语中有一种连文现象即"偏义复词"值得注意，也叫连类而及，是由两个单音的近义词或反义词组成，其中一个词成为这个复词的意义，另一个词只是作为陪衬。比如《礼记》："养老幼于东序。""东序"相传为夏代的大学,也是国老养老的地方,因此"养老幼于东序",意义偏指养老,而非养幼。《后汉书》:"先帝尝与太后不快,几至成败。"显然这句话中,"几至成败"意义偏向"败",而非"成"。

第三,要分清实词和虚词。比如《诗经·邶风·终风》:"终风且暴,顾我则笑。"毛传曰:"终日风为终风。"《韩诗》:"终风,西风也。"王念孙认为这两家的解释"皆缘词生训,非经文本义。终犹既也,言既风且暴也"。王引之也指出:"经典之文,字各有义;而字之为语词(即虚词)者则无意可言,但以足句耳。语词而以实词解之,则扞格难通。"(王引之《经传释词》卷9)王氏父子指出《诗经》中还有不少"终……且……"的例子,比如:

《邶风·燕燕》:"终温且惠,淑慎其身。"
《邶风·北门》:"终窭且贫,莫知我艰。"
《小雅·伐木》:"神之听之,终和且平。"
《小雅·甫田》:"禾易长亩,终善且有。"

显然,这些例子中"终"都是连词"既"的意思。王氏父子已清楚地认识到实词与虚词的区别,且搜集《诗经》中众多例子,运用排比归纳法,完满地解决了"终"的训释问题。类似曲解实词与虚词的例子还有《文选》曹丕《与吴质书》:"岁月易得,别来行复四年。"《五臣注》张铣释"行"为实义动词"运行",不确。其实"行"是副词,义为"即将,快要"。再比如柳宗元《早梅》诗中有两句:"寒英坐销落,何用慰远客",其中"坐"也是"即将、快要"的意思,两句话的意思是眼看寒英即将零落凋谢,我将用什么去慰问远方的友人呢?

阐明语法

四　辨析古书异例

从字面意义上说,"古书异例"指的是古人组词造句时一些特殊的语法修辞现象以及行文时一些特殊的习惯,从使用情况上说,是当时的语言规范和文章规范,不能用现代汉语的语法修辞规范和行文习惯来约束。俞樾在前人研究基础上撰成《古书疑义举例》，概括古书异例凡88例，可谓集大成之作。之后又有其他四家进行过补充，即刘师培《古书疑义举例补》、杨树达《古书疑义举例续补》、马叙伦《古书疑义举例校录》、姚维锐《古书疑义举例增补》，中华书局1956年出版了《古书疑义举例五种》，把俞樾的原书和刘、杨、马、姚四家的补附于书后，方便检索。

俞樾画像

《古书疑义举例五种》书影

下面我们选择其中四种比较常见的进行讲解，其他的辞例请同学们课后参考《古书疑义举例五种》。

（一）倒文，又分作句中倒字和倒字叶韵两种，我们分别来看：

1.句中倒字，如《孟子·尽心下》："若崩，厥角稽首。"顺言当云"厥角稽首，若崩"。讲的是，武王伐纣时，殷商的百姓表示欢迎，额角触地叩起头来，声音响得好像山陵崩塌一样。

再比如《左传·僖公四年》："君若以力，楚国方城以为城，汉水以为池，虽众，无所用之！"顺言当为"君若以力，楚国以方城为城，以汉水为池，虽众，无所用之！"

2.倒字叶韵，如《古书疑义举例》第6—8页："古人多有以倒句成文者，顺读之则失其解矣。……《墨子·非乐上》篇：'启乃淫溢康乐，野于饮食。'按：'野于饮食'即下文所谓'渝食于野'也。与《左传》'室于怒''市于色'，句法正同。"结合"野于饮食"后一句"将将铭苋磬以力"，其中"将将"即锵锵，敲击钟磬的声音。"苋"即"管"，"苋磬"即"管磬"，第二句话顺言当云"饮食于野"，之所以倒言为"野于饮食",是为了使"食"字与下文"力"字叶韵。

再比如《诗・既醉》:"其仆维何?釐尔女士。釐尔女士,从以孙子。""女士"即"士女",如《甫田》"以谷我士女"。"孙子"即"子孙",皆倒文以叶韵。"士""子"古韵皆在纸部。又《节南山》:"弗躬弗亲,庶民弗信。弗问弗仕,勿罔君子。式夷式已,无小人殆。"顺言当云"无殆小人",为使"殆"字与上文的"仕""子""已"等字叶韵(诸字古韵同在纸部),故倒言,义为"不要危害小人"。有些《古代汉语》教材解"无小人殆"为"不要因小人(而使国家)陷于危险",不合句法,又增字为训,似不妥。

(二)省文

"省文"从语法学上来看就是省略,如《左传・定公四年》:"楚人为食,吴人及之。奔,食而从之。"显然,后两句完整地应该是"楚人奔,吴人食而从之"。奔不言楚人,食而从之不言吴人,这属于"蒙上文省"。

《诗经・豳风・七月》:"七月在野,八月在宇,九月在户,十月蟋蟀入我床下。""七月在野""八月在宇""九月在户"三句之前,均省去主语"蟋蟀",因已出现在下文,这又是因下而省。

《公羊传・隐公元年》:"曷为大郑伯之恶?母欲立之,己杀之,如勿与而已矣。"注云:"如,即不如也。"这又是语急省。类似的还有,"敢"训"不敢",如《礼记・聘礼》:"辞曰:'非礼也敢?'"郑玄注:"敢言不敢。"

我们认为,古汉语中"某"训"不某"的非常规用法常常会被误解为顾炎武提出的"古人多以语急而省其文"。然而,"语急省"之说其实并不符合语言规律。例如"如"训"不如"的用例常出现在表示给对方建议对话中,这时"如"应理解为"哪里比得上""怎能比得上",是一种语气较弱的反问句。另外,由于反问句中"岂敢""其敢"经常连用,"敢"逐渐吞并语气副词"岂""其"的语义,并借助语境因素,自身产生了表疑问的意义,进而与"不敢"义联系起来,但也不能简单地训"敢"为"不敢"。详细可参考吴瑞东《"语急省"辩证二例》(《福建江夏学院学报》2017年第1期)一文。

(三)复文

"复文"也叫复词,分作同义复词和偏义复词。这类复音词组(词)由同义、近义或反义的两个词(词素)组成。

1. 同义复词

所谓同义复词,是指近义词或同义词的连用,也叫"同义连文"。构成同义复词的词素是并列的,其意义也相同。古人又称之为"复用""复文""连文""连语"等。王引之在《经义述闻·通说下》"经传平列二字上下同"中总结说:"古人训诂,不避重复,往往有平列二字上下同义者。"如《芣苢》"迨至菡萏成花"句中"迨""至"为连文,都是"到"的意思;《谏太宗十思疏》"念高危,则思谦冲而自牧;惧满盈,则思江海下百川"中"危"即"高",同义连用,指"身居高位"。《诗经·桃夭》有"之子于归,宜其室家",又有"之子于归,宜其家室"。室即家,家即室,同义连文。两者的组合是不分先后,可前可后的。

还有一些同义连文不易发现,如《史记·燕召公世家》:"国大乱,百姓恫恐。"《索隐》曰:"恫,痛也。恐,惧也。"王念孙谓:"小司马分恫恐为二义,非也。恫亦恐也……《苏秦传》:'秦恐韩魏之议其后也,是故恫疑虚喝,骄矜而不敢进。'小司马以恫为恐惧是也。疑亦恐也。或言恫恐,或言恫疑,其义一也。"(《读书杂志·史记第三》"恫恐"条)按:王氏据同义连文之例,指出恫、疑二字皆有"恐"义,发古人之所未发。

再比如"俭"为节俭,因此常与"约""节""素""吝""率"等组成同义复词,用"俭约""俭节""俭素""俭吝""俭率""简俭冲素"来形容一个人的性格。如:

《三国志·吴志·朱治传》"(孙)权常叹(朱)治忧勤王事。性俭约,虽在富贵,车服惟供事。"《晋书·王导传》:"导性俭节。帐下甘果烂败,令弃之,云:'勿使大郎知。'"《晋书·桓冲传》:"冲性俭素,而谦虚爱士。尝浴后,其妻送以新衣,冲大怒,促令持去。其妻复送之,而谓曰:'衣不经新,何缘得故!'冲笑而服之。"《宋书·沈攸之传》:"攸之性俭吝,子弟不得妄用财物,唯恣雍之所须,辄取斋中服饰,分与亲旧,以此为常。"《周书·王罴传》"罴性俭率,不事边幅。尝有台使,罴为其设食,使乃裂其薄饼缘。罴曰:'耕种收获,其功已深;舂爨造成,用力不少。乃尔选择,当是未饥。'命左右撤去之,使者愕然大惭。又有客与罴食瓜,(客削瓜)侵肤稍厚,罴意嫌之。及瓜皮落地,乃引手就地,取而食之。客甚有愧色。"《晋书·元帝纪》:"帝性简俭冲素,容纳直言,虚己待物。"

字词的复用有二字复用者,也有三字一义而并列复用者,如《左传·襄公三十一年》:"缮完葺墙以待宾客。"缮、完、葺三字一义。《离骚》:"览相观于四极兮。"览、相、观三字一义。《汉书·王莽传》:"府帑虽未能充,略颇稍给。"周寿昌《汉书注校补》云:"略、颇、稍三字连文。"

2.偏义复词

还有一类是偏义复词,即只有一个词表义,另一个只起语法(陪衬)作用,如大约成于晋代的叙事长诗《孔雀东南飞》有这样的诗句:"便可白公姥,及时相遣归。""奉事循公姥,进止敢自专。""勤心养公姥,好自相扶将。"公,公公;姥,婆婆。"公姥"本来兼指公婆,这里实际上就是指焦仲卿的母亲。余冠英《汉魏六朝诗论丛·汉魏六朝诗里的偏义复词》一文指出:"细看全诗,仲卿实在没有父亲,这里因'姥'而连言'公'。'公姥'为偏义复辞。"

(四)变文

变文,即变换文字,以达到修辞、押韵等语用目的。如《诗经·邶风·柏舟》:"母也天只,不谅人只。"毛传曰:"天,谓父也。"正义曰:"先母后天者,取其韵句耳。"依据毛传和正义之说,此诗中"天"指的是父,不曰父而曰天,为的是天与人可以叶韵,因为天、人古韵均在真部。

再如《尚书·舜典》:"流共工于幽州,放欢兜于崇山,窜三苗于三危,殛鲧于羽山,四罪而天下咸服。"其中"流""放""窜""殛"同义,这四个词都相当于"流放"的意思,变词为求用字错综而已。

再如杜牧《阿房宫赋》:"燕赵之收藏,韩魏之经营,齐楚之精英,几世几年,剽掠其人,倚叠如山。"其中的"收藏""经营"本是动词,"精英"本是形容词,在此语境下,收藏、经营、精英三个词均活用作名词,表示收藏的东西,指下文提到的鼎、玉、金、珠等珠宝重器,作者为说明秦朝统治者到处搜刮财宝而避复求异,在不变中求变,从而达到气韵流动、语势雄浑的效果。

除了用词变文之外,另有一种不多见的用句变文。如司马迁《报任安书》:"盖文王拘而演《周易》;仲尼厄而作《春秋》;屈原放逐,乃赋《离骚》;左丘失明,厥有《国语》;孙子膑脚,《兵法》修列;不韦迁蜀,世传《吕览》;韩非囚秦,《说难》

辨析古书异例

《孤愤》;《诗》三百篇,大抵圣贤发愤之所为作也。"这段话是司马迁对古代圣人贤哲身处逆境而著作之事的记叙,既有用词的变文,又有用句的变文。

第三章课后思考题:

1. 请举例说明什么是"偏义复词"?

2. 举例说明"联绵词"的四种类型。

本章参考文献

[1]《文字声韵训诂笔记》,黄侃,上海古籍出版社,1983 年

[2]《观堂集林》,王国维,中华书局,2004 年

[3]《〈古"登"字有凭义——兼谈"登轼而望之"〉商榷》,汪少华,《古汉语研究》2006 年第 3 期

[4]《介词"以"的起源和发展》,郭锡良,《古汉语研究》1998 年第 1 期

[5]《左传虚词研究》,何乐士,商务印书馆,1989 年

[6]《"以"的"率领"、"执拿"意义及其动词性质》,胡安顺,《陕西师大学报》(哲学社会科学版)1991 年第 1 期

[7]《"以"、"帅"的带领意义异同辨》,胡安顺,《陕西师范大学学报》(哲学社会科学版)2001 年第 4 期

[8]《是介词还是动词——试论表"率领"诸义"以"字的词性》,于智荣,《长春师范学院学报》1996 年第 2 期

[9]《从甲骨文"以"字字形及用例看古籍中表"率领"义"以"字的词性》,于智荣,《长春师范学院学报》2000 年第 6 期

[10]《上古典籍中表"率领"诸义的"以"字不是介词》,于智荣,《语文研究》2002 年第 2 期

[11]《〈左传〉中率领义"以"的语法化程度》,赵大明,《中国语文》2005 年第 3 期

[12]《实词虚化的机制——〈演化而来的语法〉评介》,沈家煊,《当代语言学》1998 年第 3 期

［13］《词诠》,杨树达,中华书局,2004 年

［14］《论"A 里 AB"重叠形式的历史来源》,石锓,《中国语文》2005 年第
1 期

［15］《古书疑义举例五种》,俞樾等,中华书局,1956 年

［16］《"语急省"辩证二例》,吴瑞东,《福建江夏学院学报》2017 年第 7 期

第四章 训诂的条例、方式和术语

训诂的主要条例、方式有三种：形训、声训和义训，下面分别来看：

一　形训

所谓形训，就是用分析文字形体的方法来解释字义，亦即以形索义。其理论根据是：汉字是一种表意文字系统，它的形体结构往往可以直接与某种现实现象相联系。先秦典籍中的"止戈为武""反正为乏""皿虫为蛊""自环者谓之厶，背厶谓之公"等即其例也。许慎的《说文解字》依据字形构造解说字义，也是形训。"六书"中的前四种（象形、指事、会意、形声）从训诂学和词汇学角度讲，都是形训。

《说文解字》及段注书影

形训的作用,首先是帮助我们推求词的本义,即体现造字意图的那个意义。如《说文》中:"刀,兵也。象形。凡刀之属皆从刀。""蚰,蟲之总名也。从二虫,会意。读若昆。""分,别也。从八,从刀,刀以分别物也。""祭,祭祀也。从示,以手持肉。""突,犬从穴中暂出也。从犬在穴中。""丄,高也。此古文上,指事也。"但在利用形训这种训释方式分析汉字时,必须要注意几个问题。

一是用这种方式分析汉字,只能是象形、指事、会意这三类字,对占百分之八十以上的形声字,已经比较受限制;

二是进行形训时,最好要依据目前所能见到的最早的字形,比如甲骨文、金文等。许慎作《说文》时,以小篆为主要依据,当然无法利用后世发现的甲骨文、金文,因而不乏分析欠妥的例子。比如《说文·木部》:"柔,木曲直也。从木,矛声。"段玉裁注:"《洪范》曰:'木曰曲直。'凡木曲者可直,直者可曲曰柔。《考工记》多言揉,许作煣,曰屈申木也。必木有可曲可直之性,而后以火屈之申之,此柔与煣之分别次第也。《诗》'荏染柔木',则谓生木。柔之引伸为凡耎弱之偁,凡抚安之偁。"马叙伦《说文解字六书疏证》:"徐灏曰:'柔疑即古揉字,因为刚柔之义所专,又增手作揉,增火作煣耳。'……伦谓柔枀盖转注字。……柔止是木之柔者,故鞣鍒腬揉糅皆从以得声。""柔"字在甲骨文和金文里尚未见到。《说文》将小篆"柔"字的形体结构分析为"从木,矛声"的形声字,对此诸家无异说。然而,"柔"的上古音为日母幽部,而"矛"的上古音为明母幽部,两者的声母不类,两音距离较大,无由相谐,所以徐山先生《释"柔"》一文指出,《说文》将"柔"字的形体结构分析为"从木,矛声"的形声字,实不确。"柔"字当为"从矛从木"的会意字。

首先徐山先生分析了"柔"一词在先秦典籍里的用法。《诗·大雅·抑》:"荏染柔木,言缗之丝。"又《诗·小雅·巧言》:"荏染柔木,君子树之。"毛传:"柔木,椅、桐、梓、漆也。"即"柔木"指质地柔韧之木。《说文》"柔,木曲直也"的训释正是"柔"一词的本义所在,段玉裁注"凡木曲者可直,直者可曲曰柔"亦得之。可见,"柔"一词的本义指的是"木"的柔韧性质。"柔"和"刚"义相对。《易·坤》:"坤至柔,而动也刚。"孔颖达疏:"柔,弱。"《庄子·天运》:"其声能短能长,能柔能刚。"

接着,徐先生讨论了"柔"一词本义的形体表现方式问题。"柔"字由"矛、木"两个部件构成。如前所论,"柔"字应为"从矛从木"的会意字。从会意的方式来看,"柔"字的形体义为用来制作"矛"之"木",即矛柄应具有柔韧的性质。而作为中国古代主要兵器的"矛",其形制为在长柄上装上矛头(殷周时矛头用青铜制成),用于刺杀。其矛柄应该用质地柔韧的树干制作而成,这样在用矛刺杀时矛柄不易被折断。也就是说,"柔"一词的"木"的柔韧性质的本义,在形体表现时则选择了柔韧的矛柄这样具有显著特征的事物。关于这一问题,同学们可以详细参考徐山先生《释"柔"》(《语文研究》2008年第1期)一文。

类似的例子还有不少,像《说文·爪部》:"爲,母猴也,其爲禽好爪。……下腹爲母猴形。"罗振玉《增订殷虚书契考释》:"案:(为)从爪,从象,绝不见母猴之状,卜辞作手牵象形……意古者役象以助劳,其事或尚在服牛乘马以前。"即甲骨文"爲"字象手牵象之形,是象形字,不是会意字,最初是表示生产劳动的意思。再比如《说文·一部》:"元,始也。从一,从兀。"其实,甲骨文 𝕴 和金文 𝕵 的"元"都突出人的头颅部分,本义应是人头、脑袋,显然是象形字,文献中也不乏其例,《孟子·滕文公下》:"志士不忘在沟壑,勇士不忘丧其元。""丧其元"就是丢脑袋,"元"显然不是会意字。《说文·老部》:"老,考也。七十曰老。从人毛匕,言须发变白也。"甲骨文 𝕶 和金文 𝕷 的"老"字,都像一个长发老人伛偻拄杖的形状,以此意象来表示"老"的意思,是象形字,也不是会意字。

二是分析形体要注意区别字义和词义。字、词是两个不同的概念。语言(包括词)是第一性,字是第二性的,字是用来记录语言(包括词)的,小孩儿先学会说话(掌握了语言)再学写汉字,就很好地证明了语言和文字之间的关系。造字之初,给根据四书原则造出来的字赋予一定的意义,这就是字义。而在古代典籍文献中实际运用的则是词义。字义和词义有时是一致的,如基本词汇中的山、水、日、月等,字义就是词的本义。有时是不一致的,需要仔细分析、论证,例如《说文·衣部》:"初,裁衣之始也。从衣,从刀。"显然"初"的造字义是开始裁衣的那一刻,然而文献中未见用例,"开始、最初"是它的常用义。我们认为,许慎之所以将"初"释为"裁衣之始",不是他不了解"初"的本义和常用义是"开始、最初",极有可能是许慎为了点明古人的造字意图,即古人借助"裁衣之始"这一具体的时刻来表示"开始、最初"这一抽象的概念。类似的例子还有《说文·衣部》:"裕,衣物饶也。从衣,谷声。"显然"裕"的造字义是衣物富足,但文献无徵,"丰富、宽绰"是它在文献中的常义,道理同"初",即用衣物丰饶这一具象来表"丰富、富足"这一抽象概念。还有"假借"造成的字义与词义的不同,如《说文·而部》:"而,颊毛也。象毛之形。《周礼》曰:'作其鳞之而。'""而"的造字义是颊毛,假借为第二人称代词和连词;《说文·木部》:"權,黄华木。从木,雚声。""權"的造字义是一种树名,古籍中常用来作为称量、权衡义用。

一般而言,"因形求义"的步骤和方法大致可分作三步:复形—析形—文献印证。比如分析"行"的本义时,先复形至甲骨文 ,然后分析字形的意思大概为"四通八达的道路",最后通过文献印证来确定,如《诗经·豳风·七月》有"遵彼微行,爰求柔桑"一句,其中"微行"即小路的意思。

形训

二 声训

所谓声训,是从语词的声音方面推求词的来源,也称音训。这种训诂方式的起源也在先秦时代。比如《礼记·檀弓上》:"葬也者,藏也。藏也者,欲人之弗得见也。"人死后埋葬(藏)于地。《礼记·祭统》:"夫鼎有铭。铭者,自名也,自名以称扬其先祖之美,而明著之后世者也。"《礼记·乐记》:"德者,得也。"施德者,必有所得也。《论语·颜渊》:"政者,正也。"有句话可以很好地解释这两个字的意义关系,那就是"其身正,不令而行;其身不正,虽令不从"。这也正是"施政"与"身正"的关系。还有《孟子·滕文公上》:"庠者养也,校者教也,序者射也。"庠、校、序分别是周、夏、商这三代对"小学"的称呼。小学与教养、教学都有关系,射箭又是小学要学习的"六艺"之一,这里显然是用"射箭"来指代小学要学习的全部内容,显然,这三个例子中,德与得、政与正、庠与养、校与教、序与射古音相同、相近,意义上又相关、有联系。这也正是声训的特点。

和先秦相比,两汉经注及《尔雅》《方言》《说文》,使用更为广泛,如《诗经·大雅·烝民》:"令仪令色,小心翼翼。"毛传:"仪,宜也。"所谓礼仪,就是适宜的言行举止。《尔雅·释言》:"曷,盍也。"曷与盍就是为何的"何",什么、怎么的意思。《尔雅·释言》:"樊,藩也。"两词都是藩篱的意思。《方言》卷九:"轸谓之枕。""轸"就是支撑车厢底部四面的枕木。《方言》卷12:"噬,食也。"吞噬就是吃掉;《说文·衣部》:"衣,依也。"衣服是人之所凭依的东西。《说文·人部》:"侨,高也。""侨居""侨胞"的"侨"怎么会有"高"的意思呢?我们重点来看下这个问题。

《说文·人部》:"侨,高也。"段注:"侨与乔义略同。乔者,高而曲也,自用为侨寓字,而侨之本义废矣。……按《春秋》有叔孙侨如,有公孙侨,字子产,皆取高之义也。"也就是说,我们现在常用的"侨居"义是"侨"的假借义,"侨"的本义应该是"高而曲"的意思,桂馥《说文义证》提供了一条证据,他说:"北方伎人,足系高竿之上,跳舞作八仙状,呼为高橇。当作此侨。"显然以上7个例子中,每组的两个字读音相同或相近,意义也相同或相通。

再比如《说文》:"禮,履也。所以事神致福也。从示从豊,豊亦声。"蒋冀骋、陈建贵《〈说文解字〉注音释义小笺》(《古汉语研究》2016年第4期)一文指出,就"履"而言,既可以是名词"足所依"(《说文》),也可以是动词"履之箸地曰履"(段玉裁"践,履也"注),还可以是名词"所践履之界"(《左传·僖公四年》"赐我先君履"杜预注),"所践履之界"是有一定规矩的,而这种规矩是不能破坏的,故引申为伦理学的"禮",段玉裁"履"注:"引伸之训禮。"《说文》云:"所以事神致福也。""禮"就是用来事神致福的仪式,而仪式包括程式和事神者处的位置,程式不能乱,位置也不能乱,而事神者处的位置就是"履",故"履"就是"礼"。

到了东汉刘熙作《释名》,则差不多全用声训的办法来释词。如《释形体》:"腕,宛也,言可宛屈也。"《释典艺》:"铭,名也,述其功美也,使可称名也。"《释用器》:"枷,加也。加杖于柄头,以挝穗而出其谷也。"同学们看图片就可以清楚地了解什么是"连枷"了,确实是一种加木杖于柄头,挝穗也就是击打粮食的穗子,使谷粒脱落的农具。

打麦图

再来看《释衣服》:"裲裆,其一当胸,其一当背也。"裲裆是由前后两片布料制成的上衣,同学们可以看图片,前面一片挡胸,后面一片挡背,形制有点类似今天的背心。

裲裆图

还有《释州国》中的例子:"秦,津也,其地沃衍有津润也。"也是说,秦这个地方土地肥沃有津润,所以叫秦。这三个例子中,枷与加、裲裆与两当、秦与津,意义相同或相通,读音相同或相近,这些声训让人信服。

再比如《释言语》中的例子:"贪,探也,探取入他分也。"《释言语》:"勇,踊也,遇敌踊跃欲击之也。"贪与探、勇与踊同音;或音近,如《释言语》:"骂,迫也,以恶言被迫人也。"但这三个例子中两字之间的相互解释明显让人有牵强附会之感,这也是后人对刘熙《释名》多有指摘的原因。

换言之,这也是声训的弊病所在。因为从语言学原理来看,声音和意义的结合是任意的,正如王力《中国语言学史》中所指出:"声训作为一个学术体系,是必须批判的,因为声音和意义的自然联系事实上是不存在的。"《荀子·正名》所谓:"名无固宜,约之以命,约定俗成谓之宜。"但这并不是说声音和意义之间就毫无联系了,一旦事物名称已经约定俗成以后,在词义引申和新词孳乳的过程中,一部分意义相关的词常常在语音上也具有音同或音近的关系,这也是声训这一训诂方式有助于释义和探求词源的原因所在。

声训有助于释义的例子如上面提到的《尔雅》《方言》《说文》《释名》中的训释,下面来看探求词源的例子。如前文所言《礼记·檀弓上》:"葬也者,藏也;藏也者,欲人之弗得见也。""葬""藏"显系同源;再比如由《礼记·祭统》"夫鼎有铭。铭者,自名也,自名以称扬其先祖之美,而明著之后世者也"和《释名·释典艺》"铭,名也。述其功美,使可称名也"两条材料可知,表示记载、镂刻义的"铭"显然得名于"名"。

另外,值得关注的是北宋王圣美的"右文说",据北宋沈括《梦溪笔谈》卷14《艺文一》记载:"王圣美治字学,演其义以为'右文'。古之字书皆从'左文'。凡字,其类在左,其义在右。如木类,其左皆从木。所谓'右文'者,如'戋',小也;水之小者曰淺,金之小者曰錢,歹而小者曰殘,贝之小者曰賤。如此之类,皆以'戋'为义也。"即王圣美认为从"戋"得声的字都有"小"义,以上几个字声同义近,是谓同源词族,"戋"不但可以表声,也可以表义,"右文说"即"声旁表义"说。

声训有助于探求词源,还表现在探求名物来源上。正如王国维先生所言:"凡雅俗古今之名,同类之异名与夫异类之同名,其音与义恒相关;同类之异名,其关系尤显于奇名。……如《释虫》:'食苗心,螟;食根,蟊。'……《释鸟》:'鸟兽同穴,其鸟为鵮,其鼠为鼵。'螟与蟊、鵮与鼵,皆一声之转。此不独生物之名然也。……盖其流期于有别而其源不妨相通,为文字变化之通例矣。异类之同名,其关系尤显于偶名。如《释草》'果赢之实栝楼',《释虫》'果赢,蒲卢',案:果赢、果赢者,圆而下垂之意,即《易·杂卦传》之'果蓏',凡在树之果与在地之蓏,其实无不圆而垂者;故物之圆而下垂者,皆以'果蓏'名之。栝楼亦果赢之转语。……今虽不能言其同名之故,要其相关自必有说。虽其流期于相别,而其源不妨相同。古人正名百物之意,于此亦略可睹矣。"(《观堂集林·〈尔雅〉草木虫鱼鸟兽名释例下》)

声训

三 义训

所谓义训,是以通行词训释古语词或方言词的意义。这种方法只分析语言本身所表示的意义,而不借助字的形和音,故又称因文证义。以下从释义的类型和释义的方式分别来看。

(一)从释义的类型看,义训主要有两种:

1.常见的是同义相训,同义相训又包含三种情况:

(1)用一个词来训释多个同义词,比如:

初、哉、首、基、肇、祖、元、胎、俶、落、权舆,始也。(《尔雅·释诂》)

林、烝、天、帝、皇、王、后、辟、公、侯,君也。(《尔雅·释诂》)

如、适、之、嫁、徂、逝,往也。(《尔雅·释诂》)

同、侪、等、比、伦、匹、臺、敌、雠,辈也。(《广雅·释诂》)

也可以用一个词来训释另一个同义词,比如:

孔,甚也。(《尔雅·释言》)

斯,离也。(《尔雅·释言》)

逆,迎也。(《方言》卷1)

噬,食也。(《方言》卷12)

(2)同义词互相训释,也称"互训",比如:

宫谓之室,室谓之宫。(《尔雅·释宫》)

遐,远也。(《尔雅·释诂》)

远,遐也。(《尔雅·释诂》)

栋,极也。(《说文·木部》)

极,栋也。(《说文·木部》)

倚,依也。(《说文·人部》)

依,倚也。(《说文·人部》)

慎,谨也。(《说文·心部》)

谨,慎也。(《说文·言部》)

(3)有用几个同义词层层转训的,也称"递训",比如:

速,徵也;徵,召也。(《尔雅·释言》)

水中可居者曰洲,小洲曰渚,小渚曰沚,小沚曰坻。(《尔雅·释水》)

采采芣苢,薄言采之。(《诗经·周南·芣苢》)毛传:"芣苢,马舄;马舄,车前也。"

庸也者,用也;用也者,通也;通也者,得也。(《庄子·齐物论》)

2.用反义词来作训释的,通称"反训"。所谓"反训",就是指一个词同时兼有正反两个义项。最早注意到这一现象并加以揭示的,是晋代的郭璞,他在《尔雅注》和《方言注》中都有阐述。我们看几个例子。

《尔雅注疏》书影

《方言注疏》书影

"乞"有"乞讨"义,如《论语·公冶长》:"孰谓微生高直?或乞醯焉,乞诸其邻而与之。"这句话是说:"谁说微生高正直?有人来求醋,微生高(家里没有)先到邻居那里要来再给这个人。"同时也有"给与"义,如《汉书》卷64上《朱买臣传》:"居一月,妻自经死,买臣乞其夫钱,令葬。"这句话是说:"过了一个月,妻子上吊自尽,朱买臣给她丈夫钱,让她丈夫厚葬她。"

"臭"有"香气"义,如《孟子·尽心下》:"口之于味也,目之于色也,耳之于声也,鼻之于臭也,四肢之于安佚也,性也。"赵岐注:"鼻之喜芬香。臭,香也。"同时"臭"也有"臭气"义,如《淮南子·说林》:"入水而憎濡,怀臭而求芳,虽善者弗能为工。"这句话的意思是说:"入水却憎恨被浸湿,怀揣着臭气却想求得香气,即便是再能干的人也做不到。"

"失睡"一词在汉文佛典文献中有5见,具体如下:

(1)行者有冷热等病若疲极失睡谓因缘故,令身不适;有贪忧嫉垢等诸烦恼,令心不适,则失禅定。是故行者应自将护身心,令其调适。(后秦鸠摩罗什《成实论》卷14,32/357a)

(2)时长者子即共其妻并及二子随路而去,值天抗热,其夫即便止一树下避日取阴,遂便失睡,忽为黑蛇螫,夫即死,其妻啼哭。(《现报当受经》卷1,85/1410a)

(3)(仙人)语烈士言:"汝今努力,迄至天明必不得睡、不得语,如其出声,仙道不得,天神煞汝。"于是此人专心住想,不听作声,仙人唱呪既久,遂暂失睡。(《法华经玄赞释》卷1,X34/957a)

(4)此之烈士遂刹那间即出失睡,遂大叫唤,于是天神嗔怒。(《法华经玄赞释》卷1,X34/957a)

(5)"十二年满功夫克就,如何唯有少时不能专心,遂大叫唤?"烈士答云:"此是业也,非我本心,我暂失睡。"(《法华经玄赞释》卷1,X34/957a)

排比疑伪经和《卍续藏》的用例,很明显可以看出"失睡"就是"睡着"的意思。而《成实论》中的"失睡",可能相当于"失眠",即"睡眠不够"或者"难以入睡",总之是睡得不好。文句表达的意思是:修行者有冷热病痛,或者疲惫失眠,这些原因导致身体不适。如果理解为"睡着",那就是说:疲惫睡着了,从而令身体不适。这好像有点牵强。

综上可知,"失睡"在佛典文献里面有"睡着"和"失眠"两个意思。

另外,在查检中土文献的过程中发现,在清代的一些通俗小说里面"失睡"还另有他义,情况如下:

(6)从二鼓到天明,不听得嗽响,未敢入内。不知亲娘何故失睡,抑或出门未归,忘记失约乎?(司香旧尉《海上尘天影》第17章)

(7)莺儿道:"姑娘,你从来没有失睡过,今儿怎么了?大家都起来梳洗完了,你还睡的不醒,任凭我怎么推着叫你总不答应一声儿。"(秦子忱《续红楼梦》卷16)

(8)却说香珠折花回来,英娘尚未起床,香珠走到塌前道:"小姐今日失睡了。"英娘道:"我今早身子有些不爽利,故此起迟。"(震泽九容楼主人松云氏《英云梦传》卷4)

(9)每晨必当窗对镜理妆,今何以日已向午,窗犹深锁,其夜睡过迟,沉沉不醒耶?抑春困已极,恹恹难起耶?而此时窗内绣床之上,正卧一魂弱喘丝之梨娘……非失睡也,非春困也,呜呼病矣!(徐枕亚《玉梨魂》第11章)

排比分析这些用例,很明显"失睡"不表示"睡着"或者"失眠",而是"睡过头"的意思。

综合以上佛典文献和中土文献的所有考察可知,辞书应该为"失睡"一词立目,其义项应该有三:一为失眠;二为睡着;三为睡过头。"失"有"没有把握住或控制住"之义,比如《后汉书·方术列传·蓟子训传》:"尝抱邻家婴儿,故失手堕地而死。"从"失"的"没有把握住或控制住"之义出发,向两个相反方向引申就产生出两个相反的意思,一方面因为没有把握住睡眠,所以才会失眠;相反,因为没有控制住睡眠,所以才会睡着或者睡过头,同时兼有两种相反的意思正是这样造成的。

对于"反训"这一语言现象,历来学者们说法不一,有学者认为一些所谓的"反训"的例子并非真的美恶同辞、相反为训,蒋绍愚先生在《古汉语词汇纲要》

第 137—155 页曾专门讨论过"反训",同学们可以课后参考。

(二)从释义的方式看,义训大致可分为三种:

1.比较,即用辨析或比较的方式来训释词义,如《尔雅·释器》:"金谓之镂,木谓之刻,骨谓之切,象谓之磋,玉谓之琢,石谓之磨。"又《释宫》:"一达谓之道路,二达谓之歧旁,三达谓之剧旁,四达谓之衢,五达谓之康,六达谓之庄,七达谓之剧骖,八达谓之崇期,九达谓之逵。"《说文·艸部》:"落,凡艸曰零,木曰落。"又《言部》:"言,直言曰言,论难曰语。"

2.义界,即用下定义的方式来训释。如《尔雅·释水》:"江、河、淮、济为四渎。"《释山》:"泰山为东岳,华山为西岳,霍山为南岳,恒山为北岳,嵩高为中岳。"《释地》:"九夷、八狄、七戎、六蛮,谓之四海。"《说文·網部》:"罩,捕鱼器也。"《石部》:"磬,乐石也。"《舛部》:"舝,车轴耑键也。两穿相背。"

磬

3.描述,即用语句对事物的性状进行描写叙述。如《尔雅·释器》:"璧大六寸谓之瑄,肉倍好谓之璧,好倍肉谓之瑗,肉好若一谓之环。"《释兽》:"罴,如熊,黄白文。"《释兽》:"麎,大廲,旄毛狗足。"《说文·艸部》:"芋,大叶实根,骇人,故谓之芋。从艸于声。"《鹿部》:"麒,仁兽也。麋身,牛尾,一角。"《蟲部》:"蛟,龙之属也。池鱼满三千六百,蛟来为之长,能率鱼飞;置笱水中,即蛟去。"《鱼部》:"魶,魶鱼,似鳖无甲。有尾无足,口在腹下。"

4.类别,即指明类属或属中求别,前者如《尔雅·释鸟》:"凫、雁醜,其足蹼,其踵企。乌、鹊醜,其掌缩。"《尔雅·释草》:"槐、棘醜,乔。桑、柳醜,条。"

《说文·木部》:"楢,梓属。大者可为棺椁,小者可为弓材。"
《说文·甾部》:"畬,𩕎属,蒲器也,所以盛种。"后者如《说文
·糸部》:"纪,丝别也。"《禾部》:"稗,禾别也。"

义训

四　训诂的术语

每一门学科都有自己的专门用语,这些专门用语通常叫作术语。了解每
个学科的内容,阅读这个学科的文献,必须了解这个学科里面那些专门用语的
涵义和用法。清朝的学者对训诂用语的涵义和用法多有论述。段玉裁的《说
文解字注》、孙诒让的《周礼正义》,里面都有一些发明这些训诂条例用语的地
方。近代学者从事训诂学的研究,更有不少发现。下面选择比较常见的古籍
注疏用语,作一些说明。

**(一)释义的术语,有"曰、为、谓之、谓、貌、之貌、犹、言、之言、之为言"等,
我们分别来看**

1. 曰、为、谓之

这几个词不仅用来释义,而且用以区分同义词或近义词间的细微差别,使
用这几个术语时,被释的词总是放在后面。例如:

"曰"字释义例,《诗经·周南·卷耳》:"陟彼高冈,我马玄黄。"毛传:"山脊
曰冈。"《诗经·周南·关雎》:"关关雎鸠,在河之洲。"毛传:"水中可居者
曰洲。"

"曰"字辨析例,《诗经·周南·汝坟》:"遵彼汝坟,伐其条枚。"毛传:"枝曰
条,干曰枚。"《论语·学而》:"有朋自远方来,不亦说乎?"郑玄注:"同门曰朋,
同志曰友。"《方言》卷一:"忲、俺、怜、牟,爱也。韩郑曰忲,晋卫曰俺,汝颍之间
曰怜,宋鲁之间曰牟,或曰怜,怜,通语也。"《离骚》:"惟草木之零落兮。"王逸
注:"草曰零,木曰落。"

"为"字释义例,《诗经·周南·汉广》:"汉之广矣,不可泳思。"毛传:"潜行
为泳。"《左传·成公三年》:"执事不以衅鼓。"杜注:"以血涂鼓为衅鼓。"

"为"字辨析例,《尔雅·释训》:"善父母为孝,善兄弟为友。"《尔雅·释
天》:"谷不熟为饥,蔬不熟为馑。"《楚辞·九章·怀沙》:"非俊疑杰兮。"王逸

注:"千人才为俊,一国高为杰也。"

"谓之"释义例,《诗经·邶风·谷风》:"习习谷风。"朱熹注:"东风谓之谷风。"《尔雅·释训》:"帱,谓之帐。"《说文·一部》:"韭,菜名,一种而久者,故谓之韭,象形。"

"谓之"辨析例,《尔雅·释器》:"骨谓之切,象谓之磋,玉谓之琢,石谓之磨。"《尔雅·释宫》:"西南隅谓之奥,西北隅谓之屋漏,东北隅谓之宧,东南隅谓之窔。"《方言》卷 1:"悼、惄、悴、愁,伤也。自关而东汝颍陈楚之间通语也,汝谓之惄,秦谓之悼,宋谓之悴,楚颍之间谓之愁。"

2.谓

"谓"一般用于以具体释抽象或以一般释特殊的情况下,基本格式是"甲谓乙也",用以说明这个词儿专指或影射某一特定的事物,相当于现代汉语的"(此)指"。"谓"和"谓之"不同,使用"谓之"时,被释的词放在"谓之"的后面;使用"谓"时,被释的词放在"谓"的前面。

具体释抽象的,比如:

《诗经·邶风·简兮》:"彼美人兮,西方之人兮。"郑笺:"彼美人,谓硕人也。"

《论语·阳货》:"君子学道则爱人,小人学道则易使。"孔安国注:"道,谓礼乐也。"

《楚辞·离骚》:"恐美人之迟暮。"王逸注:"美人谓怀王也。"

《楚辞·离骚》:"昔三后之纯粹兮。"王逸注:"后,君也。谓禹、汤、文王也。"

一般释特殊的,比如:

《诗经·鄘风·柏舟》:"髧彼两髦,实维我仪。"郑笺:"两髦之人,谓共伯也。"

《诗经·鄘风·鹑之奔奔》:"人之无良,我以为兄!"毛传:"兄,谓君之兄。"

《论语·子罕》:"后生可畏。"何晏注:"后生谓少年。"

《楚辞·九章·橘颂》:"受命不迁,生南国兮。"王逸注:"南国,谓江南也。"

3.貌、之貌

一般在动词或形容词后面,使用"貌""之貌"时,被释的词儿往往是表示某种性质或某种状态的形容词。例如：

《诗经·卫风·氓》："桑之未落，其叶沃若。"朱熹注："沃若，润泽貌。"

《诗经·大雅·旱麓》："瑟彼玉瓒，黄流在中。"郑笺："瑟，洁鲜貌。"

《楚辞·离骚》："时暧暧其将罢兮，"王逸注："暧暧，昏昧貌。"

《楚辞·离骚》："纷吾既有此内美兮。"王逸注："纷，盛貌。"

《楚辞·九歌·湘夫人》："袅袅兮秋风。"王逸注："袅袅，秋风摇木貌。"

《说文·人部》："伴，大貌。从人，半声。"

《方言》卷2："瞷、睇、睎、睦，眄也。自关而西秦晋之间曰眄。"薛综曰："流眄，转眼貌也。"

《诗经·周南·葛覃》："葛之覃兮，施于中谷，维叶莫莫。"毛传："莫莫，成就之貌。"

《孟子·离娄上》："胸中不正，则眸子眊焉。"赵注："眊者，蒙蒙目不明之貌。"

《孟子·滕文公上》："为民父母，使民盻盻然，将终岁勤动，不得以养其父母又称贷而益之。"赵注："盻盻，勤苦不休息之貌。"

4. 犹

"犹"相当于现代汉语的"等于说"，格式是"甲犹乙也"，一般用于以同义词或近义词作解释，例如：

《尔雅·释诂》："卬，我也。"郭注："卬犹姎也，语之转耳。"

《诗经·邶风·式微》："式微式微。"朱熹注："微，犹衰也。"

《楚辞·离骚》："怨灵修之浩荡兮。"王逸注："浩犹浩浩，荡犹荡荡。"

《方言》卷1："台、胎、陶、鞠，养也。"郭注："台犹颐也。"

《方言》卷1："钊、薄，勉也。（郭注："相劝勉也。"）秦晋曰钊，或曰薄，故其鄙语曰薄努，犹勉努也。"

《说文·隹部》："雁，鸟也。从隹，从人，厂声。"段注："舒雁谓之鴈。犹舒凫谓之鹜也。"

5. 言

"言"相当于现代汉语的"说的是"，一般用于随文释义或串讲句义或阐发文意。前者如《说文·辛部》："辠，犯法也。从辛，从自。言辠人蹙鼻，苦辛之忧。秦以辠似皇字，改为罪。"后者如《尔雅正义》："'尔雅'者，《释文》云：'所以训释五经，辨章同异，实九经之通路，百氏之指南，多识鸟兽草木之名，博览而不惑者也。尔，近也。雅，正也。言可近而取正也。'"

6.之言、之为言

格式是"甲之言乙也""甲之为言乙也"。使用这两个术语时，必然是声训，除了释义之外，释者与被释者之间有时是同音的关系，有时是双声或叠韵的关系。《说文》："裸，灌祭也。"段注："……凡云'之言'者，皆通其音义以为诂训，非如'读为'之易其字，'读如'之定其音。"段氏在《周礼汉读考》中又云："凡云'之言'者，皆就其双声叠韵以得其转注假借之用。"例如：

《诗经·大雅·行苇》："黄耇台背。"毛传："台背，大老也。"郑笺："台之言鲐也。大老则背有鲐文。"

《方言》卷6："謇、展，难也。齐晋曰謇。山之东西凡难貌曰展。荆吴之人相难谓之展，若秦晋之言相惮矣。齐鲁曰燀。"

《论语·为政》："子曰：'为政以德，譬如北辰，居其所而众星共之。'"朱注："政之为言正也，德之为言得也。"

《白虎通义·商贾》："商贾何谓也。商之为言章也，章其远近，度其有亡，通四方之物，故谓之为商也。贾之为言固也，固其有用之物，以待民来，以求其利者也。通物曰商，居卖曰贾。"

(二)拟音的术语：读如、读若

这两个术语是用来注音的。《说文》"读"篆下段氏注云："拟其音曰读，凡言读如、读若皆是也。"如《礼记》郑注："衣读如殷。"《毛诗》郑笺："邪读如徐。"《说文·艹部》："莠，禾粟下生莠。从艹秀声。读若酉。"《说文·玉部》："瑂，石之似玉者。从玉眉声，读若眉。"

段氏曰："案注经之例，凡言读如者拟其音，凡言读为者易其字。"

(三)改字的术语：读为、读曰

这两个术语，是用本字本义来说明假借字的，又称作"破读"。《说文》"读"篆下段注云："易其字以释其义曰读，凡言读为、读曰、当为皆是也。"比如：

《诗经·卫风·氓》:"淇则有岸,隰则有泮。总角之宴,言笑晏晏。"郑笺:"泮读为畔。"

《周礼·春官·司服》郑注:"黼黻希绣,希读为绨,谓刺绣也。"

《礼记·曲礼下第二》:"执天子之器则上衡,国君则平衡,大夫则绥之,士则提之。"郑注:"绥读曰妥,妥之,谓下于心。"

《汉书·律历志》:"十丈为引,引者信也。"颜师古注:"信读曰伸,言其长。"

"读为""读曰"跟"读如、读若"的区别在于:前者必然是用本字破假借字,后者不一定,可以用本字破假借字,也可以用假借字来解释本字。

(四)正误的术语:当作、当为

这两个术语是用来表示声误和字误的,段玉裁《周礼汉读考》云:"凡易字之例,于其音之同部或相近而易之曰'读为',其音无关涉而改易字之误则曰'当为',或音可相关义绝无关者,定为声之误,则亦曰'当为'。"比如:

《诗经·曹风·鸤鸠》:"其带伊丝,其弁伊骐。"郑笺:"骐当作綦。"

《诗经·小雅·斯干》:"风雨攸除,鸟鼠攸去,君子攸芋。"郑笺:"芋当作幠。"

《周礼·秋官·掌客》郑注:"牲当为腥,声之误也。"

《周礼·天官冢宰·典妇》郑注:"授当为受,声之误也。"

显然,以上(二)(三)(四)之间有交叉,正如段玉裁在《说文解字注·一上·示部》"祡"字下曰:"凡言'读若'者,皆拟其音也。凡传注言'读为'者,皆易其字也。注经必兼兹二者,故有'读为'、有'读若','读为'亦言'读曰','读若'亦言'读如'。字书但言其本字本音,故有'读若',无'读为'也。'读为''读若'之分,唐人作正义已不能知,'为'与'若'两字,注中时有讹乱。"我们试举例分析如下:

1."读若""读如"为拟音类术语,其主要任务就是拟音,如《礼记·中庸》"壹戎衣",郑注:"衣读如殷。齐人言殷声如衣。"但有时也可用来破假借,如《诗·邶风·北风》:"北风其凉,雨雪其雱。惠而好我,携手同行。其虚其邪,既亟只且。"郑笺:"邪读如徐。"马瑞辰通释:"虚者舒之同音假借,邪者徐之同音假借。"《礼记·儒行》"虽危,起居竟信其志,犹将不忘百姓之病也",郑玄注:

"信,读如屈伸之伸,假借字也。"这里用本字破假借字。

2."读曰""读为"为改字类术语,即用本字来破假借字,如《诗经·卫风·氓》"淇则有岸,隰则有泮",郑笺:"泮读为畔。"《礼记·曲礼下》"执天子之器则上衡,国君则平衡,大夫则绥之,士则提之",郑玄注:"绥读曰妥。妥之,谓下于心。"其中,畔、妥是本字,泮、绥是假借字。

3."当作""当为"为正误类术语,其中又包括正声之误和正字之误两类,"正声之误"例,如《周礼·掌客》:"凡诸侯之礼,上公五积……鼎簋十有二,牲三十有六,皆陈。"郑注:"牲当为腥,声之误也。"《周礼·典妇》:"凡授嫔妇功,及秋献功。"郑注:"授当为受,声之误也。""正字之误"例,如《礼记·杂记》郑注:"绥当为緌,读如蕤宾之蕤,字之误也。"在"正声之误"这点上,"当作""当为"又起到破假借的作用。

要之,三类术语在破假借上会有交义。

(五)其它术语:互文见义、析言、浑言、读破、反训、递训

1.互文见义

上下两句或一句话中的两个部分,看似各说两件事,实则是互相呼应,互相阐发,互相补充,说的是一件事。由上下两句或同一句子的上下两部分参互见义、互相补充来表达一个完整句子意思。常见的类型主要有两种:同句互文和邻句对文。

所谓"同句互文",即在同一个句子里出现的互文。如"秦时明月汉时关"一句,说的是秦汉的明月和秦汉的关;又如"主人下马客在船""主人忘归客不发""烟笼寒水月笼沙"等都属于此类。

所谓"邻句互文",即在相邻的句子里出现互文。如《诗经·大序》:"动天地,感鬼神。"《正义》:"天地云动,鬼神云感,互言耳。"意思是说,感动了天地和鬼神;又如《木兰诗》中"将军百战死,壮士十年归"。"将军""壮士"组成互文,意思是说,将军和壮士有的战死了,有的回来了。

此外还有"排句互文",是说这种互文的句子有两句以上,如《木兰诗》中的"东市买骏马,西市买鞍鞯,南市买辔头,北市买长鞭"就是典型的排句互文。

2.析言、浑言

训诂中用这两个术语来说明近义词的通别。所谓析言,是指近义词同中有异,而强调其异的一面;所谓浑言,是指着眼其共同性的一面,而不计较其中细微的差别。如《说文·疒部》:"病,疾加也。""疾,病也。"段注:"析言之则病为疾加,浑言之则疾亦病也。"这意思是说:如欲求其别,则疾、病二字之义略有不同,病比疾厉害,如欲求其同,则病也是疾,疾也可称为病。析言又称对文或对言,浑言又称散文或散言。如《诗经·大序》"声成文谓之音",《正义》:"此言声成文谓之音,则声与音别……对文则别,散则可以通。"郝懿行《义疏》:"福禄二字,若散文则禄即是福……若对文则禄福义别。"《说文·口部》:"喘,疾息也。"段注:"此分别言之。息下曰。喘也。浑言之也。"《说文·口部》:"哯,不欧而吐也。"段注:"《欠部》曰:'欧,吐也。'浑言之。此云不欧而吐也者,析言之。欧以匈喉言。吐以出口言也。"浑言有时也叫统言或通言。如《说文·示部》:"祥,福也。"段注:"凡统言则灾亦谓之祥。析言则善者谓之祥。"《说文》:"行,人之步趋也。"段注:"步,行也。趋,走也。二者一徐一疾,皆谓之行,统言之也。"

3. 读破

读破又称破字或易字。历史上学者们对这个术语的理解包含两个意思:其一是指用本字来改读古书中的假借字,如清人王引之《经义述闻·自序》中曾引其父王念孙语说"训诂之旨存乎声音。字之声同声近者,经传往往遐借。学者以声求义,破其假借之字而读以本字,则涣然冰释。"其二是指改变一个字原来的读音以表示意义的转变,如"好"字,作美恶讲,与坏相对,读上声;作喜爱讲,读去声。"恶"字,作"罪恶"的"恶"解,原读入声,引申为憎恶,读上声,用作疑问词,则读平声。经过现代学者们的辨析[①],我们认为上述一、二两种理解确有共同之处,即都是从"疑于义者,以声考之,疑于声者,以义证之"出发,以字的读音为途径求得对文意的正确理解。笼统地说,它们都属于"声训"范畴的训诂手段。但是,必须看到这两种理解之间存在着本质的不同,不能兼容在一个概念之中。

4. 反训

用反义词来解释词义,叫作反训。有些字在古代含有相反的两义,如"乱"

---

① 详参刘世俊《说"读破"》,《宁夏大学学报》(社会科学版)1982年第4期。

有"治理、紊乱"两义,后世只通行"紊乱"一义。《尚书·皋陶谟》"乱而敬",《史记·夏本纪》作"治而敬",以"治"训"乱",是为反训。

5.递训

几个字展转相训,意义相同,谓之递训。如《庄子·齐物论》:"庸也者,用也;用也者,通也;通也者,得也。"《尔雅·释鱼》:"蠑螈,蜥蜴;蜥蜴,蝘蜓;蝘蜓,守宫也。"郭注:"转相解,博异语,别四名也。"

训诂的术语

第四章课后思考题:

1.在进行形训时,应注意哪些问题?

2.如何看待"相反为训"?

本章参考文献

[1]《释"柔"》,徐山,《语文研究》2008 年第 1 期

[2]《〈说文解字〉注音释义小笺》,蒋冀骋、陈建贵,《古汉语研究》2016 年第 4 期

[3]《中国语言学史》,王力,复旦大学出版社,2007 年

[4]《观堂集林》,王国维,中华书局,2004 年

[5]《古汉语词汇纲要》(修订版),蒋绍愚,商务印书馆,2015 年

[6]《说"读破"》,刘世俊,《宁夏大学学报》(社会科学版)1982 年第 4 期

第五章　训诂的方法(上)

　　我们所说的方法，是指一个陌生的词儿摆在面前，我们采用什么样的手段，能使它由未知变为已知，这种由未知求得已知的手段，便是我们所说的方法。概括言之，主要有九种方法，本章先讨论据古训、破假借、辨字形、考文例这四种，兹分别举例说明之。

一　据古训

　　所谓古训，是指古代的注释和字典辞书。当我们遇到需要解释的词语时，首先就要了解这个词语过去是否有人解释过，如果有，那就要尽可能地把它找出来，看看这个解释对不对，是否可以利用。清代学者在这方面多有精彩论述，比如：

　　《左传·襄公十三年》："世之治也，君子尚能而让其下，小人农力以事其上。"这里"农力"的"农"是什么意思？王念孙考证说："'农力以事其上'与'尚能而让其下'对文，则'农力'非耕田之谓也。《广雅》：'农，勉也。'言勉力以事其上也。'农力'，犹努力，语之转耳。"王念孙看出"农"不是耕田务农的意思，把"农力"解释为勉力，符合上下文意。他的主要根据就是《广雅》的解释。当然，如果光是《广雅》的训释而没有其他证据，说服力还是不够强，所以王氏又举了《尚书》《管子》等书中"农"训"勉"的旁证。《管子·大匡》："耕者农农用力。"王念孙《读书杂志·管子三》："此文内多一农字，后人所加也。'耕者农用力',此'农'字非谓农夫。《广雅》曰:'农,勉也。'言耕者勉用力也。下文云'耕者用力不农',亦谓用力不勉也。"

又如《墨子·尚贤》:"今王公大人骨肉之亲,无故富贵、面目美好者,焉故必知哉。"这里"焉"字应作何解呢? 查找古注会发现,《论语·子路》皇侃义疏:"焉犹何也。"颜之推《颜氏家训·音辞篇》引葛洪《字苑》云:"焉字训何,训安,音于愆反。"而孙诒让正是根据两条古代的注释,证明了《墨子·尚贤》一句中的"焉"应为"何"。另《墨子·天志》又有一句:"与入人之场园,窃人之桃李瓜姜者,数千万矣!"其中何为"场园"?《诗经·豳风·七月》毛传:"春夏为圃,秋冬为场。"郑笺云:"场圃同地,自物生之时耕治之,以种菜茹,至物尽成熟筑坚以为场。"孙怡然利用《诗经》的毛传、郑笺这两条注释,很好地诠释了《墨子》中"场园"的确解。

再看一个例子,《尚书·益稷》:"《箫韶》九成,凤皇来仪。"对这句话的解释历来有分歧,主要原因在于"仪"字的不同理解。主要意见有两种:一种意见训"仪"为"容仪",《尚书·益稷》伪孔传:"仪,有容仪。"不少现代汉语辞书承袭此说法,如《辞海》"凤凰来仪"条义项一:"谓凤凰来舞而有容仪,相传以为瑞应。"《汉语大词典》"来仪"条义项一:"谓凤凰来舞而有容仪,古人以为瑞应。""凤凰来仪"条:"凤凰来舞,仪表非凡。指吉祥之兆。"等等。另一种意见训"仪"为"匹",汉郑康成已有此说,清黄生《义府》"凤凰来仪"条也持此说:"仪,匹也。谓双下之也。"周志锋先生(2014:3—4)查找古书注释和工具书中对"仪"的相关解释后提出,其实"仪"当训"来","来仪"系同义连文、同义复词。为说明这个问题,兹将这句话的上下文转引如下:

夔曰:"戛击鸣球、搏拊、琴瑟以咏。"祖考来格。……《箫韶》九成,凤皇来仪。

周先生先从文例出发,"凤皇来仪"与上文"祖考来格"句式相同,"来仪"与"来格"对文,意思应相同或相近。进而参考古代工具书,也确实发现"仪"有"来"义,如《尔雅·释言》:"格,来也。"《方言》卷2:"仪、徦,来也。"钱绎《方言笺疏》："《广雅》：'仪、招，来也。'……戴氏曰：'仪者，仪之而来。《周语》"丹朱冯身以仪之"，仪即来归之义。'"显然无论是从古训还是工具书来看，"仪"同"格"都有"来"义，"来格""来仪"均系同义连文，而"来格""来仪"又形成对文关系。

二 破假借

古书多假借，这在前面已经讨论过了。那么，如何知道是假借呢？主要是从意义和语音两方面来进行考察，这就必须真正理解文义，并对古音学、古代用词惯例乃至社会生活习惯等几方面的知识有所了解。朱骏声在《说文通训定声》自序中云："不知假借者，不可与谈古书。不明古音，不足以识假借。"王引之《经义述闻·序》引其父语曰："训诂之指存乎声音，字之声同声近者经传往往假借，学者以声求义，破去假借之字而读以本字，则涣然冰释。"利用声训破假借，不仅可以防止望文生义，还可以纠正某些注释和解说上的失误。

例如：

《诗经·豳风·七月》："八月剥枣，十月获稻。"毛传："剥，击也。"王安石撰《诗新经》时说："剥者，剥其皮而进之，所以养老也。"不取毛传"击也"的解释。其实，"剥"应该是"攴"的借字，"剥枣"不是剥枣子的皮，而是打枣。《说文·攴部》："攴，小击也。"段注："按此字从又卜声，又者手也，经典隶变作扑。凡《尚书》、《三礼》'鞭扑'字皆作'扑'。……《豳风》：'八月剥枣。'假剥为攴。"后来写作"扑"。杜甫诗《又呈吴郎》："堂前扑枣任西邻。无食无儿一妇人。"

八月剥枣图

再如《荀子·劝学》"强自取柱，柔自取束"一句，杨倞注："凡物强则以为柱而任劳，柔则见束而约急，皆其自取也。"也就是说，杨注是按照"柱"的字面义理解为名词"支柱"，对此王念孙《读书杂志·荀子第一》专列"强自取柱"条作了深入论述，即"杨说'强自取柱'之义甚迂。'柱'与'束'相对为文，则柱非谓屋柱之柱也。柱，当读为祝。《哀十四年公羊传》：'天祝予。'《十三年谷梁传》：'祝发文身。'何、范注并曰：'祝，断也。'此言物强则自取断折，所谓太刚则折也。《大戴记》作'强自取折'，是其明证矣。《南山经》：'招摇之山有草焉，其名曰祝馀。''祝馀'或作'柱荼'，是'祝'与'柱'通也。"虽短短一百余字，却堪称一篇语言学专题论文，中间除了"柱，当读为祝"这一运用了"破假借"的训诂方法之外，还有"《十三年谷梁传》：'祝发文身。'何、范注并曰：'祝，断也。'"这一古注以及《大戴记》作"强自取折"，《南山经》"招摇之山有草焉，其名曰祝馀"，"祝馀"或作"柱荼"，这两处异文材料，都是十分有力的证据。

同样，在《墨子间诂》一书中，孙诒让往往用"某当与某通""某当为某之假字"等术语来"破假借"，如《墨子·亲士》："越王勾践遇吴王之丑，而尚摄中国之贤君。"毕沅云："尚与上通。摄，合也，谓合诸侯。郭璞注《尔雅》云'聂，合'，摄同聂。"案：毕说未允。摄当与慑通，《左襄十一年传》云"武震以摄威之"，《韩诗外传》云"上不摄万乘，下不敢敖乎匹夫"，此义与彼同，谓越王之威足以慑中国贤君也。

即孙诒让指出毕沅将"摄"解释为"合"，不确。他认为"摄当与慑通"，此句当解释为"越王之威足以慑中国贤君也"，这与《左传》与《韩诗外传》里的例子文义正同。孙诒让破解出"摄"的本字为"慑"，然后进行解说。

再比如《墨子·非儒》："此为人臣之道也。今击之则鸣，弗击不鸣，隐知豫力。"毕沅云："言隐其先知豫事之识。"俞樾云："豫犹储也。《荀子·儒效篇》'仲尼将为司寇，鲁之粥牛马者不豫贾'，《家语·相鲁篇》'孔子为政三月，则粥牛马者不储贾'，是豫与储义通。隐知豫力，两文相对，言隐藏其知，储蓄其力也，毕失其义，并失其读。"案：毕读固误，俞释豫为储亦非。"豫"当为"舍"之假字，"豫"从予声，古音与"舍"同部。《节葬下篇》云"无敢舍余力，隐谋遗利，而不为亲为之者矣"，隐知犹彼云隐谋，豫力即彼云舍余力也。《号令篇》云"舍事后就"，亦与此义同。豫古无储训，《荀子》"不豫贾"，"豫"当如《周礼·司市》注"诳豫"之义，《家语》改"豫"作"储"，乃王肃私定，非古训也。

也就是说,孙诒让认为毕沅和俞樾的解释都不稳妥,"豫"当为"舍"的假借字。依据便是"豫"字从"予"声,古音与"舍"字同部,证明二字音近,为假借关系,且根据《节葬下篇》中"舍余力"和《号令篇》"舍事"的例子来证明自己的观点。另外,他又指出"豫"字在古时并没有作"储"字讲的训释,《孔子家语》中改"豫"为"储"是王肃私定的,所以俞樾"豫犹储也"的观点也是不正确的。

诸如此类,清代著名训诂学家王引之在《经义述闻·经文假借》一文中说过:"许氏《说文》论六书假借曰:'本无其字,依声托事,令长是也。'盖无本字而后假借他字,此谓造作文字之始也。至于经典古字声近而通,则有不限于无字之假借者。往往本字见存而古本则不用本字而用同声之字,学者改本字读之,则怡然理顺,依借字解之,则以文害辞。"王氏的意思是说:有两种假借,一种是造字时的假借,即本无其字的假借,如本无作连词用的"而"字,借用表示胡须义的"而"字来代替,本无作方位词用的"北"字,借用表示二人相背的"北"字来代替,等等。另一种则是用字时的假借,即本有其字的假借,意思是说:本来有表示某个意义的专用字,但由于种种原因,古人不用它,而用另一个声音相同或相近的字来代替,这种现象,相当于我们今天的写别字。遇到这种本有其字的假借时,要特别小心,千万不要被这个假借字所迷惑,要想方设法找到它所代表的那个本字,用本字的意思去解释,才能讲得通,这个便是所谓破假借,也就是王引之所说的"改本字读之"。

据古训、破假借

三　辨字形

辨字形包括包括"以形索义"和"勘正文字",以形索义,通常指根据古文字的形体来考索上古字义。它实际上就是从传统训诂学采用的"形训"这一训释方式演变而来。如前所述,进行"形训"时,最好要依据目前所能见到的最早的字形,比如甲骨文、金文等,且"形训"复形—析形—文献印证的三个步骤不可或缺,如前面所举的"行"字,甲骨文和金文都像十字路口的形状,表示道路,而《诗经·豳风·七月》:"女执懿筐,遵彼微行,爱求柔桑。"毛传:"微行,墙下径也。"《尔雅·释宫》:"行,道也。"可见毛传、《尔雅》解释的正是"行"的本义。与此同时,从"行"的许多字如"術""街""衢""衝""衕""衖"等字的本义也都和道路有关。

再看几个例子:

"竖(竪)"有"未冠者""孺""僮"之义,此义从何而来? 张鹏丽、陈明富《古书"竖"作詈语考》一文(《中国语文》2010 年第 1 期)从"竖"的字形结构入手,对这一问题进行了探讨。该文指出,《说文·臤部》:"竪,竖立也。从臤豆声。"《康熙》:"竪,《说文》竖立也。徐曰豆器,故为竖立。""徐曰"中的解释很有道理。"豆"为"竪"的声符,根据宋代王圣美"右文说",谐声字的声符不仅可以表音,还可以表示一个谐声字的意义,即声符可以"兼义",可以"示源"。"豆",古代食器及礼器,《说文》:"豆,古食肉器也。"其外形似高足盘,盘下有柄。主要出现于商代晚期,盛行于春秋战国时期。《周礼·掌客》:"凡诸侯之礼,上公豆四十侯伯豆三十有二,子男二十有四。""豆"多为日常所用,一般不大,《国语·周语》:"觞酒豆肉箪食。"《诗·大雅·生民》:"卬盛于豆。"《周礼·考工记》:"食一豆肉,中人之食也。"由于"豆"有高足可立,因而"竪"有"竖立"之义。同理,"豆"的形体一般较小,因而"竖"又含有"小"义,也即"未冠者""孺""僮"之义。"竖立"义和"小"义相差甚远,很难看出有什么引申关系,似为并列关系较妥。由一般"未冠者""孺""僮"义又引申出"僮仆""小吏""小臣"等义。《汇纂》:"竪,小臣也。"《左传·昭公四年》"遂使为竪",杜预注:"竪,左右小吏也。"《左传·僖公二十四年》"晋侯之竪头须",杜预注:"竪子,僮仆也。""僮仆""小吏""小臣"等在古代封建等级社会中地位都较低下,因而"竖"很容易又引申出贬义或骂人的话。

要之,"竖"作詈语,似与"竖"的"竖立"义关系不大,而是由"竪"(竖)声符"豆"之"小"义,引申出"未冠者""孺""僮"之义,进而引申出"僮仆、小臣"等义,渐渐用作詈语,表鄙视或辱骂之词。

今天"抽屉"的"屉"是通假字,"屉"的本义是马鞍垫子。《字汇·尸部》:"屉,鞍屉。"其最早用例见于《宋史》。作为抽屉义借的是"屜",段玉裁注《说文》:"今奁匮有抽屜,本即屜字。"朱骏声《说文通训定声·谦部》:"屜,今奁匮中抽屜字,当以此屜为之。""屜"的异体还有"屉",由此,有"抽屉"一词。如清

《八旗通志》卷 91:"司祝进跪祝叩头毕,将所供之金银缎布收贮于供朝祭神位之绘花红漆抽屉桌内。"又有"抽屉衕衕"地名。《日下旧闻考》卷 37:"自西单牌楼向南,由绒线衕衕转东至河漕,沿六部口抽屉衕衕……"

关于勘正文字,我们看一个例子,"皃",本是"貌"的古文。《说文·皃部》:"皃,颂仪也。从人,白象人面形。貌,籀文皃。"其说可从,可是由于字形演变,不仅造成后世字书因不明字际关系,注音释义处理失当,而且在出土的碑刻材料中,"皃"的多个变体与其它形近字纠缠,也常常出现释读错误。酌举两例:《文物》1981 年 12 期《南京梁桂阳王肖融夫妇合葬墓》公布南朝梁天监十三年(514)《萧融太妃王慕韶墓志》,释文有"太妃援镜贬皂,鸿鹄兴辞。操深恭姜,恊均杞室"。其中"贬皂"一词费解。细核碑拓,"皂"字实作"皃",乃"皃"的俗字,通作"貌",《文物》释文误。贬貌,谓丈夫死后,不为饰容,乃封建时代妇德之一。再比如北魏熙平二年(517)《元遥墓志》:"俊皃奇挺,宽雅凤蕴。""皃",《志石文录》卷上作"概",误,应为"皃"。俊貌,指漂亮英俊的体貌。关于这个问题,同学们可以详参毛远明、何山《"皃"的俗变考察》(《中国语文》2010 年第 6 期)一文。

除了形近而误之外,还有因人们不熟悉一些字形的异体字而导致的讹误字。如杨守敬《水经注疏》引《仁王护国陀罗尼经音义》:"此叶粗厚,鞭而难用。"显然其中"鞭而难用"一句,实在让人费解。钟凤年《水经注疏勘误》认为"鞭应作硬"。谢承仁《锺凤年〈水经注疏勘误〉读后》一文指出"原文作'鞭',不作'硬'",并未引误,但作者又认为"鞭字在此固难讲"。其实,"鞭"字应为"硬"的异体字——"鞭"字的形近之误,从革更声的"鞭"取义于皮革的硬,从石更声的"硬"取义于石头的硬,《龙龛手镜》对此作了收录:"鞭,坚牢也,与硬同。"如此"其叶粗厚,鞭(硬)而难用",便讲通了。

辨字形

《水经注疏》、《龙龛手镜》书影

四 考文例

古人作文，自有其行文的惯例和规律，掌握古书文例，对进行训诂研究有着事半功倍的效用。近人张相在《诗词曲语辞汇释·序》中提出研究的六种方法，其中"玩绎章法"，说的就是审度文例。具体来说，在训释词义方面比较重要的文例有如下几种。

（一）连文例

所谓连文，也叫复文、复词，分作同义复词和偏义复词。同义复词是由同义或近义的两个词组成。对此，前代学者已经有相关论述，比如清人王引之《经义述闻通说下》有"经传平列二字上下同义"条说："古人训诂，不避重复，往往有平列二字上下同义，解者分为二义，反失其指。"我们来看例子：

例一

《经义述闻》卷6"谓我宣骄"条，《小雅·鸿雁》篇："维此哲人，谓我劬劳，维彼愚人，谓我宣骄。"《毛传》曰：宣，示也。《经义述闻·毛诗中》："宣骄"与"劬劳"相对为文。劬，亦劳也。宣，亦骄也。《左传·昭公二十九年》："广而不宣。"宣与广义相因。《易林》需之萃曰："大口宣舌。"大有之蛊："大口宣唇。"又小蓄之噬嗑："方噞广口。"井之恒："方噞宣口。"是"宣"为"大侈"之义。"宣骄"犹言骄奢，非谓宣示其骄也，《笺》曰："谓我役作众民为骄奢，于义为长。"即王念孙、王引之认为《小雅·鸿雁》篇这四句话句式相同，句义相对，"此哲人"对

"彼愚人","劬劳"对"宣骄"。"劬""劳"义同,故"宜""骄"也义同。随后举《左传》《焦氏易林》等为证,"宜"与广义相因,并有《易林》中三处异文为证,由此比较有把握地推断《小雅·鸿雁》的"宣骄"犹言"骄奢",非"宜示其骄"也。

例二

《辞源》卷2,782页,"存养"条,义项[2]:保全,抚养。《六韬·盈虚》:"存养天下鳏寡孤独,振赡祸亡之家。"案:《辞源》这条书证中的"存养"就是"抚养"之义,而无"保全"义。"存"即"养",与"养"构成同义并列式复合词。"存""养"常对举,同义互见。《孟子·尽心上》:"存其心,养其性,所以事天也。"《吕氏春秋·仲春纪》:"养幼少,存诸孤。"《史记·蒙恬列传》:"养老存孤。""存"的本义为存在,引申为生存、活、养、养活、使活、保全;进一步引申为抚恤、慰问等义。"存"以"养"义参与词的组合,共同表示"抚养"义,无须别解。相同的例子还有,《新唐书·马周传》:"四五年来,百姓颇嗟怨,以为陛下不存养之。""存"的这些义位还可分别与别的义位构成和存养相类的同义复词,如存全、存恤、存问、存慰、存念等。《大词典》亦收"存养"条,释为"抚养",所举书证也有《六韬》,是对的。《辞源》将"存养"拆开,强加区别,有失严谨。

例三

唐代文献中有"博换"一词,如《旧唐书·食货上》:"是时,京城百姓久用恶钱,制下之后,颇相惊扰。时又令于龙兴观南街开场,出左藏库内排斗钱,许市人博换,贫弱者又争次不得。"宋·曹勋《北狩见闻录·靖康二年》:"臣以银二两博换饮食,卖人知是徽庙,即尽以炊饼藕菜之类上进,反银而去。"宋·董煟《救荒活民书拾遗·捕蝗法》:"其要法只在不惜常平义仓钱米博换蝗虫,虽不驱之使捕,而四远自辐凑矣。"以上例句中"博"与"换"同为"交换、贸易"义,系同义连文。其实,"博"至晚在公元4世纪即有"交换"义,如姚秦·竺佛念译《出曜经》卷22《广演品》:"如昔有士,多贮财货,饶诸谷食,意欲远游,便以家谷粜之,易宝积珍无量。后复以珍宝多易好银,意复嫌多,便以好银转博紫磨金。""博"谓交换、换取。南北朝例如元魏·菩提流支译《佛说佛名经》卷6:"或商侣博货,邸店市易。"《齐民要术》卷3《荏蓼》:"(荏)收子压取油,可以煮饼……研为羹臛,美于麻子远矣,又可以为烛。良地十石,多种博谷则倍收,与诸田不同。""多种博谷"谓多种荏子以换取谷子。这个意义的"博"组成同义复词除了"博换"外，还有"博易""博贸""回博"等，也都是"交换""交易"的意思。

另一种是偏义连文，也就是通常所说的"偏义复词"。这类连文现象中只有一个词表义，另一个只起语法（陪衬）作用，例如：

《墨子·非攻》："今有一人，入人园圃，窃其桃李。"注释说："种果树的地方称为园，种蔬菜的地方称为圃。"但这句话显然意义偏指园，而非圃。

《扁鹊见蔡桓公》："君之病在肌肤，不治将益深。"注释说："肌肤，肌肉和皮肤。"这条注释不够准确。这里的"肌肤"是复词偏义，只有"肌"的意思，而"肤"字是衬词。因为这句话的上文是"君有疾在腠理，不治将恐深"，"腠理"指的是皮肤和肌肉的交接处，也就是皮里肉外的部分，下文又有"君之病在肠胃，不治将益深"，按照从外到里的顺序，显然处于"腠理"和"肠胃"之间的"肌肤"只能指肌肉，不可能指皮肤。

唐·韩愈《招扬之罘》："野马不识人，难以驾车盖。""车盖"也属于偏义复词，偏指"车"。就其字面意义而言，"车"为整体，"盖"是车的构成部件之一，例句中动词谓语"驾"限定其宾语"车盖"偏指"车"义，"盖"只起陪衬作用。"车盖"最初用作偏正词组，表示车上用来遮日避雨的伞盖，后逐渐凝合为偏正结构的复合词。

考文例一

（二）对文例

所谓对文，就是指处在结构相似的上下两个句子中的相同位置上的字和词。这样的字和词往往是同义、近义或者反义的关系，相对成文。对文可以有多种分类，包括句内对文和上下两句对文，前者如"文过饰非""深恶痛绝"；后者如"先天下之忧而忧，后天下之乐而乐"（《岳阳楼记》），先与后、忧与乐对文，"奉之弥繁，侵之愈急"（《六国论》）句的中"弥"与"愈"对文同义，均可译作"更加"。根据对文的这一特点，我们就可以利用它通过比较，前后互证，解决古书中一些词语的训释问题，如：

《孟子·梁惠王下》："内无怨女，外无旷夫。"由此形成的四字成语"旷夫怨女"，"旷夫"指"无妻的成年男人"，旷，有"空缺"之义，如《孟子·离娄上》："旷安宅而弗居,舍正路而弗由。""旷"的"空缺"义可以引申表示"幽寂孤独之感"。"怨女"与"旷夫"相对成文,则"怨"字也应该是"幽寂"义,如果按照"怨"字的常义训为"怨恨",则与"旷"的"幽寂"义不相对应。刘向《新序》云:"后宫多幽女者,下民多旷。"与《孟子》一句相比较,可以证明怨女就是幽女,"怨"字确有"幽寂"义。

再如王梵志诗第 233 首:"经纪须平直,心中莫侧斜。些些微取利,可可苦他家。""可可"与"些些"文相俪偶,词义相类,"可可"当也表"少许"义,是说商贾买卖要公道,你取了穷人些许利,就是让穷人多受些许苦。其他例如《游仙窟》:"双燕子,可可事风流,即今人得伴,更亦不相求。"《寒山诗》:"昔时可可贫,今朝最贫冻。"宋·无名氏《渔家傲》词:"雪点江梅才可可,梅心暗弄纤纤朵。"宋·刘辰翁《摸鱼儿·甲午送春》词:"春去也,尚欲留春可可。问公一醉能颇?"这些例子中的"可可"均表"少许"义。

有时也可以利用上下两句对文关系,考索一些特定的结构,如:

(1)吴均《与朱元思书》:"风烟俱净,天山共色。""天山"这里指天空与山峦,而"风烟"与"天山"相对,因此,"风烟"该是指风与烟雾。有教材注"风烟"为"烟雾",显然有失妥当。

(2)范仲淹《岳阳楼记》:"沙鸥翔集,锦鳞游泳。""翔"与"集"是两个动词,而"翔集"与"游泳"为对文,显然"游"与"泳"也应是两个动词,而非双音词"游泳"。而两词确有单音节动词的用法,如《诗经·邶风·谷风》有言:"其深矣,方之舟之,就其浅矣,泳之游之。"朱熹注:"潜水曰泳,浮水曰游。"

根据对文的特点,求得语句的意义和结构,进而由此及彼、据已知求未知的例子。对文除同义对文以外,古汉语中还有一种反义对举词,也可以用来进行词义的考索,例如:

(1)《尚书·大禹谟》:"满招损,谦受益。"其中的"满"与"谦"、"损"与"益"对文反义。

(2)《颜氏家训·勉学》:"问其造屋,不必知楣横而梲竖也;问其为田,不必知稷早而黍迟也。"横与竖、早与迟,均反义对举。

(3)《荀子·王霸》:"刑赏已诺,信乎天下矣。"杨倞注:"诺,许也;已,不许也。"刑赏、已诺,均为反义对举词,刑与赏对,已与诺对。诺者,应许也,则已字当为不许的意思。同此,《礼记·表记》:"子曰:口惠而实不至,怨菑及其身。是故君子与其有诺责也,宁有已怨。"诺、已对文。郑玄注:"已,谓不许也。言诺而不与,其怨大于不许。"两例均可谓得其古训。又《孔子家语·七十二弟子解》:"然其为人公正无私,以取与、去就、以诺为名。"取和与、去和就、以(已)和诺显然均为反义对举词,"以(已)"正是"诺"的反义词。

再看一例,在佛经中,"别观"是一个和"总观"相对的概念,"别观"经常伴随着"总观"出现,如:

a. 问曰:无常想苦想无我想一切世间不可乐想,有何等异而别说?答曰:有二种观,总观别观。前为总观此中别观。(姚秦鸠摩罗什译《大智度论》,25/P0232/b/23)

b. 前总观不善业道因,今别观报果一切诸恶处。(后魏菩提流支等译《十地经论》,26/P0149/c/03)

c. 下经言:杀生之罪遍三途者,明报差别。一一句中皆对上三句也。故下论云:前总观因,今别观果报。(北周法上撰《十地论议疏卷第一·第二》,85/P0780/b/29)

d. 若在三处处中之重以为示深重,下者。若在饿鬼饿鬼中重,转深者。若在畜生畜生中重,转转深者。上罪在地狱地狱中重,总别令观者。前总观因后别观报。(同上,85/P0780/c/08)

e. 观一切智,总观一切智,别观一切智。随顺一切智,显示一切智,攀缘一切智。见一切智,总见一切智,别见一切智。"(唐实叉难陀译《大方广佛华严经》,10/P0223/c/15)

不难看出,"总观"指综合概括地全面观察,"别观"指一个一个分别地观察。二者属于反义对文例。

从表达效果来看,反义对文可以达到加强对比力度的修辞效果,同义对文可以起到富于变化、避免重复等作用。

（三）异文例

所谓异文，是指同一书的不同版本，或同一件事的不同记载，文字上有差异。比如《全唐诗》卷216杜甫《示从孙济》："平明跨驴出，未知适谁门。""知"字下注："一作委。""委"便是"知"的异文。再如杜甫《月夜》诗："何时倚虚幌，双照泪痕干。"《全唐诗》在"时"字下注云："一作当。""当"便是"时"的异文。因此，李商隐《夜雨寄北》："何当共剪西窗烛，却话巴山夜雨时。"其中"何当"即"何时"也。唐李贺《马诗》："何当金络脑，快走踏清秋。"有注释将其中的"何当"解释为"何时将要"，可见注解者还是受到现代语感的干扰，将"当"理解为"要、将要"一类的用法，未曾明确古代汉语"当"有时间名词"时、时候"的用法。造成异文的原因十分复杂，有音近、形近而讹，有古今字、通假字、异体字、通用字，有同义相代等，应该注意分辨。根据异文来确定词义，是训诂学家常用的一个办法。我们看下面的例子：

"策宝"与"册宝"文献中常作为异文出现，如《玄天上帝启圣录》："东京四圣观，本是国家天元祖氏之宅，自太祖策宝郊祀，舍为四圣护国建隆观。"其中"策宝"即"册宝"，《汉语大词典》："册宝：册书和宝玺。"又《汉书·郊祀志下》有录："帝王之事莫大乎承天之序，承天之序，莫重于郊祀，故圣王尽心极虑，以建其制。祭天于南郊，就阳之义也；瘗地于北郊，即阴之象也。"郊祀需颁布册书和印玺，"策宝郊祀"即此义。"策""册"相通典籍时有用例，《集韵·麦韵》："册，通作策。"《汉书·诸侯王表序》："武帝施主父之册，下推恩之令。"王先谦补注引钱大昭曰："册与策同。"刘宋薛士隆《灵芝赋》："斋栗以朝，帝被衮章，异策宝，列旄麾，罗羽葆，太师辅前，少师保后，工瞽登歌，奉常赞道。"明俞汝楫《礼部志稿》卷12《皇太子册立仪》："内侍捧册宝前导，置彩舆中，内赞，鞠躬，乐作，四拜，乐止，执事者各异册宝以次前行。"

传世本《老子》第11章："三十辐共一毂，当其无，有车之用。"任继愈先生《老子新译》以为："'共'，即'拱'字，是'拱卫'、'集中'的意思。"其说于义可通，而且"共"为"拱"之古字，也有文献佐证，如《论语·为政》"譬如北辰，居其所而众星共之"即是。可是马王堆出土帛书《老子》乙本该句作"卅同一毂"，根据帛书异文，显然"共一毂"的"共"还是以释"共同"为妥。"共""拱"系古今字，然恐非异文，"共""同"异文也。

　　再比如南朝梁释慧皎《高僧传》卷1《竺法兰》："又昔汉武穿昆明池底得黑灰，以问东方朔，朔云：'不委，可问西域人。'"这是日本《大正新修大藏经》本的文字，《大正藏》校记辑录宋、元、明三本"委"都作"知"，显然由这条异文材料可以了解到，"不委"就是"不知"，"委"应该是"知道"的意思。还有《隋书》卷45《房陵王勇传》："高祖既数闻谗谮，疑朝臣皆具委"这几句话，在《资治通鉴·隋文帝开皇二十年》里作"上既数闻谮毁，疑朝臣悉知之"。清钱谦益《钱注杜诗》卷1、仇兆鳌《杜诗详注》卷3也都是一样。从这两条异文材料可以看出，"委"作"知道"义，应该是没有问题的。当然，"委"缘何有"知道"义，还是一个值得深入研究的问题。

　　下面我们看一个综合多种文例的训诂案例：

　　《史记·淮阴侯列传》："今韩信兵号数万，其实不过数千。能千里而袭我，亦已罢极。"

　　《淮阴侯列传》是不少《古代汉语》教材收录的篇目，对上面一句中的"罢极"一般只解释"罢"通"疲"，不解释"极"字，学生往往容易依据现代汉语将其理解为"疲惫到了极点"。其实不然。"疲极"连文的例子还有《三国志·吴志·陆凯传》："调赋相仍，日以疲极。"《史记》中另有"倦极"连文用例，《屈原列传》："人穷则反本，故劳苦倦极，未尝不呼天也；疾痛惨怛，未尝不呼父母也。"显然"劳苦倦极"与"疾痛惨怛"文相俪偶，劳苦、倦极、疾痛、惨怛都是并列结构，"极"字不能解释为极点、极尽。"极"犹倦也，"倦极"是同义复词。王褒《圣主得贤臣颂》："胸喘肤汗，人极马倦。"极、倦对文，则"极"亦倦也。《殷芸小说》："晋明帝为太子，闻元帝沐，上启云：'伏闻沐久劳极，不审尊体如何？'答云：'去垢甚佳，身不极也。'"其中"不极"的"极"字，另一版本作"劳"，说明"极"有疲劳义。同时，《世说新语》中多见"小极"一词，有时也写作"小倦"，这同样说明"极"就是"疲倦"的意思。《广雅·释诂》："疲、惫，极也。"这一古训也印证了上面的结论。我们概括一下会发现，以上论证"极"有"疲倦"义时，分别使用了同义连文、对文、异文等文例。

　　再来看几个综合运用"据古训""破假借""辨字形""考文例"等训诂方法的案例：

例一

《史记·屈原列传》:"夫党人之鄙妒兮,羌不知吾所臧。"其中"鄙妒",《楚辞·九章·怀沙》作"鄙固"。《曾子·立事篇》:"弗知而不问焉,固也。"阮元注:"固,谓鄙固。"或倒言"固陋",如司马迁《报任安书》"请略陈固陋",李周翰注:"固,犹鄙也。"可见,"鄙"与"固"同义,是同义连文,"鄙陋,不通达"也,为古书所习用。以上通过考异文、考连文、考倒文、依据古训等训诂方法解决了"鄙妒"的训释问题。

例二

王安石《苦雨》:"平时沟洫今多废,下户京囷久已空。"

其中"京"字难解,不明古义的很容易会将其理解为"国都"或"北京",该句意思是:平日的田间水道现在大部分都已经废弃了,下游人家的"京囷"已经空了好久。《说文·禾部》:"囷,廪之圆者。""京囷"与"沟洫"对文,"沟"与"洫"义相近,显然此处"京"应与"囷"意义相近。

扩大考察范围会发现,古代注释中对此多有说解,如《管子·轻重丁》:"今者夷吾过市,有新成囷京者二家。"尹知章注:"大囷曰京。"又:"行令半岁,万民闻之,舍其作业而为囷京以藏菽粟五谷者过半。"《史记·扁鹊仓公列传》:"黄氏诸倩见建家京下方石,即弄之。"《集解》引徐广曰:"京者,仓廪之属也。"裴骃在《史记集解》中引徐广对"京"的解释即"仓廪之属也",也就是说,"京"是粮仓谷仓一类的东西。

再追溯"京"之甲骨文 🏛,字形象筑起的高丘形,上为耸起的尖端,本义为人工筑起的高土堆。如元王祯《农书》卷16:"京,仓之方者……今取其方而高大之义,以名仓曰京,则其象也。"王祯从字形角度来训释"京"字,将"京"释为方形的粮仓,其依据是取"京"方且高大的意义,将粮仓命名为"京"。

以上采用辨字形、考连文、据古训等训诂方法论证了"京"的"仓廪"义。

例三

后汉安世高译《道地经·五十五观章》:"是身为譬如无有能护,时时为病,碜一切。"

对于其中的"碜",真大成(2020:270—272)指出,"碜"同"墋"。玄应《音义》卷22《瑜伽师地论》音义"碜毒"条："又作墋,同。……《通俗文》:'沙土入食中曰墋。'"慧琳《音义》卷8《大般若波罗蜜多经》音义"碜毒"条:"《考声》:'砂土污也。'从石参声也。或从土作墋,亦同。""墋"指食物中掺杂沙(砂)土,故或从"土",或从"石",其字实一。从此义引申又可表混浊、污浊,同样既可作"碜",又可作"墋"。慧琳《音义》卷87《破邪论》音义"碜黩"条:"陆机《汉祖功臣颂》:'茫茫宇宙,上碜下黩,波振四海,尘飞五岳,九服徘徊,三灵改卜。'《古今正字》从石参声。或从土作墋也。""碜(墋)黩"同义连文。但这两个含义均未合经意。真大成老师在佛经音义中寻找"碜"同"墋"之证据,梳理字际关系和词义引申情况,判断此释义不可通。接着他提出俞理明、顾满林《东汉佛道文献词汇新质研究》将"碜"释作"伤害",其说能够贯通经意,甚是。《道地经》还有一例"碜",义同:"是身为譬如无所依,如无所依舍,爱、不爱,碜一切。"但"伤害"义似难从上述二义衍出,那么究竟从何而来呢?

真大成从几个角度对此进行了考察:

1. 考异文

如果从通假的角度考察,《道地经》中的"碜"应读作"惨"。汉文佛经中"惨"常通作"碜""墋",可据异文和佛经音义略见一斑。

(1)南朝陈月婆首那译《胜天王般若波罗蜜经》卷3《法性品》:"见刚强者示现柔和,见惨毒人则行慈忍。""惨",宫本作"碜",玄奘译《大般若波罗蜜多经》卷569《第六分法性品》亦作"碜"。

(2)唐义净译《龙树菩萨劝诫王颂》:"速疾碜毒经诸苦,磨身碎体镇号啼。""碜",元、明本作"惨"。

(3)唐义净译《根本说一切有部昆奈耶》卷9《妄说自得上人法学处》:"谁复不顾后世情怀惨毒,于斯智者兴觅过心共申狂论?""惨",宋、元、明及宫本作"碜"。

(4)唐义净译《成唯识宝生论》卷3:"多瞋为墋业,好行罪恶事。""墋",宫本作"碜",宋、元、明本作"惨"。

(5)唐不空译《文殊师利菩萨及诸仙所说吉凶时日善恶宿曜经》卷上《宿曜历经序日宿直所生品》:"若此直日生人,法合碜毒刚猛恶性。""碜",明本作

"惨"。

由异文亦可知"惨"常与"磣""憯"通用无别。

2.据古训

(1)慧琳《音义》卷42《大佛顶经》音义"憯心"条:"《说文》云:'憯,毒也。从心参声。'经作磣,俗字也。"

(2)慧琳《音义》卷57《天请问经》音义"憯毒"条:"《方言》:'憯,杀也。'《说文》:憯亦毒也,从心参声。经文作磣,亦通用也。"

(3)慧琳《音义》卷62《根本说一切有部昆奈耶杂事律》音义"憯害"条:"《说文》:'憯,毒也。从心参声。'律文从石作磣。"

(4)可洪《随函录》卷24《出三藏记》音义"憯酷"条:"正作墋、磣、酼三形。"

(5)可洪《随函录》卷2《胜天王般若经》音义"憯毒"条:"正作墋也。"

(6)可洪《随函录》卷3《大乘大集地藏十轮经》音义"憯厉"条:"正作磣、墋二形也。"

另,玄应《音义》卷7《大般泥桓经》音义"浊"条:"初锦反。"慧琳《音义》卷87《破邪论》音义"磣黩"条:"上初锦反。""憯"有二读,一音七感反,一音初锦反,义同。慧琳《音义》卷11《大宝积经》音义"憯厉"条:"上七感反。……又音初锦反。"又卷57《天请问经》"憯毒"条音义:"上初锦反。"《集韵·寝韵》楚锦切:"憯,毒也。"《玉篇·心部》:"憯,七感切。痛也,愁也,恨也,《说文》曰:'毒也。'又初锦切。""憯"与"磣/墋"音同(初锦反/楚锦切)而通借。

以上真大成查找佛经音义、韵书、字书,为破通假寻找语音方面的证据,由此可见,唐五代时"憯"与"磣""墋"常通用。

3.探语源

《说文·心部》:"憯,毒也。"段玉裁注:"毒害也。"王念孙《方言疏证补》:"《说文》训'憯'为毒,谓毒害也。"《方言》卷1:"憯,杀也。"又卷13:"憯,恼也;恼,恶也。""憯"的词义可以从不同角度来观察:从行为角度看,指毒害、危害;从性状角度看,指狠毒、凶恶;虽分二义,其实相贯。故《道地经》"磣(憯)"之"伤害"义当即从毒害、危害义衍生而来。

考文例二

可见,以上真大成老师主要运用破假借、考文例(连文、异文)、据古训、探语源等训诂方法来训释词义,堪为训释佛经词义的典范。

第五章课后思考题:

1.如果要了解《诗经》中一些字词的意义,可以参考哪些注本?

2.请从课外资料中寻找运用连文、对文、异文等辞例来解释词义的例子,分别举一个。

本章参考文献

［1］《训诂探索与应用》,周志锋,浙江大学出版社,2014 年

［2］《古书"竖"作詈语考》,张鹏丽、陈明富,《中国语文》2010 年第 1 期

［3］《"皃"的俗变考察》,毛远明、何山,《中国语文》2010 年第 6 期

［4］《诗词曲语辞汇释》,张相,中华书局,1953 年

［5］《也说"博换"》,真大成,《中国语文》2006 年第 6 期

［6］《老子新译》,任继愈,上海古籍出版社,1985 年

［7］《中古文献异文的语言学考察——以文字词语为中心》,真大成,上海教育出版社 2020 年

第六章 训诂的方法(下)

学习目标:

　　1.掌握训诂学的主要方法

　　2.能够综合运用训诂学方法,解决实际语言问题

　　本章继续讨论排比用例、方言佐证、因声求义、疏通语法、探求语源这五种方法,分别举例说明如下。

五　排比归纳

　　当需要解释的词并无古代训释可以依据时,就要自作考释了。训诂研究,甚至整个语言研究,归纳法都是最基本的方法。要探讨某个词或某组词的含义,进而寻找训释规律,都离不开归纳法。所谓排比用例,也就是把出现同样用法的词语例证收集起来,排比、归纳出其意思和用法。著名语言学家黎锦熙先生说过,"例不十,法不立",这虽然说的是语法研究,但训诂研究何尝不是这样呢? 如果掌握了足够多的例证,就可以对一个词、一种语法现象作出切当而有说服力的解释。例如:六朝法帖中常常出现"勿勿"一词,其义不甚明了,郭在贻先生把《全上古三代秦汉三国六朝文·全晋文》中二王法帖部分等材料"认真检索,摘录、排比出现'勿勿'的句子,据上下文推敲、含咀其意蕴",得出了"勿勿"是疲顿、困乏、心绪恶劣之意的结论。请看例子:"羲之顿首。向又惨惨自举哀,乏气勿勿。""吾顷胸中恶,不欲食,积日勿勿。""薄热,汝比各可不? 吾并故诸恶劳,益勿勿。""仆近下数日,勿勿肿剧,数尔进退,忧之转深。"显然,以上例子中"勿勿"均有疲顿、困乏、心绪恶劣的意思。

　　再看两例:

例一

"春寒赐浴华清池,温泉水滑洗凝脂",华清池作为历代帝王巡幸沐浴之地,可谓名动天下。但是,华清池因何而名,"华清"有着什么含义,却至今缺乏考释。据《辞源》,"华清池,初名骊山汤,秦始皇于此砌石起宇,汉武帝又加修饰,后为历代帝王巡幸沐浴之所,唐时在华清宫内,故名华清池",可见华清池是指可以沐浴的汤泉之地,最初因位于骊山而名"骊山汤",到了唐代,因为属于华清宫内,又被叫为华清池。那么"华清"又是因何而得名的呢?陈丽君(2010)指出虽然各种词典都没有收录"华清"一词,但古籍中有2例可以给我们一些理解"华清"之意的启发:

(1)宋景公之世,有善星文者,许以上大夫之位,处以层楼延阁之上,以望气象。设以珍食,施以宝衣。其食则有渠沧之凫,煎以桂髓……九江珠粒,爨以兰苏;华清夏洁,洒以纤缟。华清,井水之澄华也。(晋王嘉《拾遗记》卷3)

(2)重岩屏绕,连池珠沸,斋沧洞澈,葱青霎蔚,澄漪冰寒,华清露味。(《唐文拾遗》卷18《白鹿泉神君祠碑》)

例(2)中的"华清"和山泉水相关,有着"露水"的味道。例(1)则非常明确地提到了"华清",就是井水中最清澈最好的水。而《拾遗记》原文中的"华清"和"凫"(水鸟)、"桂髓"(桂花美酒)、"珠粒"(好的稻谷)、"兰苏"(一种香草)等都体现了宋景公时期给善于看星云、望气象的方士的"食物之珍贵"。

据例(1),华清,即井华水。那么"井华水"又是什么水呢?据《汉语大词典》,"井华水,犹井花水",是清晨从井里第一次打出来的水,有着去痛治病、延年益寿的作用。所举例中有:1.北魏贾思勰《齐民要术·法酒》:"秔米法酒:糯米大佳。三月三日,取井花水三斗三升,绢筛麹末三斗三升,秔米三斗三升。"石声汉注:"清早从井里第一次汲出来的水。"2.宋苏轼《赠常州报恩长老》诗之一:"碧玉盌盛红马瑙,井花水养石菖蒲。"3.明李时珍《本草纲目·水二·井泉水》(集解)引汪颖曰:"井水新汲,疗病利人。平旦第一汲,为井华水,其功极广,又与诸水不同。"

检阅明《本草纲目·水二·井泉水》,里面记载了井泉水有不同种类,其中以远从地下泉来的水为最好。又,"井华水"可以治病:"喉闭肿痛,草药金锁匙,即马蹄草,以根捣,井华水调下即效。"(《本草纲目》第13卷草之2)另外,苏轼《东坡志林·修养·雨井水》整篇讲到雨水和井泉水乃阴阳二气变化而成,可以作为良药,起到延年益寿的作用:"时雨降,多置器广庭中,所得甘滑不可名,以泼茶煮药,皆美而有益,正尔食之不辍,可以长生。其次井泉甘冷者,皆良药也。吾闻之道士,人能服井华水……"

综上,"华清"一词自魏晋以来就是指和山泉水、井华水有关的水,是清晨的水的精华,由天地阴阳二气变化而来,甘冽清澈,可用以治病、养生。

据此,陕西骊山华清宫、华清池的"华清"名之来由也应该而且可以有一个合理的解释了:"华清"是清晨的井华水或者山泉水,和温泉有着直接的联系,但其命名却避免了"汤泉""温泉""灵泉"之类的直白,反映了古人淳朴的"天人合一"哲学观。详情同学们可以参考陈丽君《试释"华清池"之"华清"》(《古汉语研究》2010年第3期)一文。

例二

新版《辞海》中"恓惶"一词注为"同'栖遑'。匆忙不安貌",对此解郭芹纳先生(2005:269—272)认为不确,所运用的正是排比归纳法。再列举六例"恓惶"的句子:

(1)这里阿秀只道见了真丈夫,低头无语,满腹恓惶,只饶得哭下一场。(《喻世明言·陈御史巧勘金钗钿》)

(2)那大伯把一条杖儿在手中,一路上打将这女孩儿去。好恓惶人!令人不忍见。(《喻世明言·张古老种瓜娶文女》)

(3)看到两京遭难处,铁人无泪也恓惶。(《三国演义》卷三)

(4)武松放声大哭,哭的那一家邻舍无不恓惶。(《水浒传》第二十六回)

(5)驴粪球儿面前光,不知里面受恓惶。(《金瓶梅词话》第七十

八回）

（6）吃酒中间，狄希陈言来语去，把家中从前受罪的营生，一一告诉。童奶奶叹惜恓惶。（《醒世姻缘传》第七十五回）

显然，将"匆忙不安"代入上面 6 个例子，都是讲不通的。通过玩索上下文，"恓惶"应当训为"伤心""悲伤""可怜"之义。

排比归纳

六　方言佐证

由于"方言口语忠实地保存了古词的音义"，因此，注意挖掘方言、口语的材料，并将它与古代书面语相互证明，就成为训释方法之一。从汉代扬雄著《方言》、晋代郭璞作注开始，徵引、利用方言口语，是训诂学家的一个传统，在这方面的好例子很多。例如：

侊侗，《五灯会元·乌巨行禅师法嗣》："瓠子曲弯弯，冬瓜直侊侗。"这两句话禅宗典籍习见，从形式来看，"冬瓜直侊侗"与"瓠子曲弯弯"相对为文，"弯弯"状"曲"，而与"曲"同义，则"侊侗"状"直"，亦当与"直"同义。今谓侊侗，正是直貌。《康熙字典》"侊侗"字条云"侊侗，直也。"字形又作"侊侗"。《集韵·董韵》"侊，侊侗，直行。"现代方言中依然保存此说法，今宁波话形容直的样子说"直～"，如"路直～""讲闲话直～"，形容一个人没有腰身，也说"直白～"，正保存了"侊侗"当"直"讲这一古义。现代语文辞书中说法不一，《汉语大字典》"侊"字条收有复音词"侊侗"，其第二义项释为"笼统；含混，不清楚……又指囫囵，浑然无别。"其中"囫囵，浑然无别"义的第 1 个例证即为上例。但稍加思索就会发现《汉语大字典》义例不合：冬瓜长而直，若以"囫囵，浑然无别"之训代入"冬瓜直～"中，则文义滞碍；而《汉语大词典》"侊侗"条第二义项释为"直貌"，亦引《五灯会元》例，甚是。

蒋礼鸿在《敦煌变文字义通释》《义府续貂》等著作中，也多次徵引了方言材料。如蒋先生在《义府续貂》"解"条说：解牛为解，以锯析木亦为解，嘉兴谓以锯析木为解，读古马切。以锯析木为解，见于六朝以来比较口语化的作品。

《世说新语·赏誉》"胡毋彦国吐佳言如屑"条刘孝标注:"言谈之流靡靡,如解木出屑也。"《水浒传》第80回:"张青、孙新入到里面看时,匠人数千,解板的在一处,钉船的在一处,艌船的在一处。"这句话中的"艌船"就是渔民们用白灰、桐油、丝麻结合,把木质渔船的船板之间的缝隙连接起来,防止海水进入船舱。同学们看这张图片就可以大致了解"艌船"的意思。"解板"就是锯木板,现在吴方言的许多地方都把锯木称为"解",而且"解"的古音读 gǎ,庖丁解牛就是庖丁 gǎ 牛。

"艌船"图

再看三个"方言佐证"的例子:

例一

元武汉臣《玉壶春》第2折:"做子弟的有十个母儿:一家门,二生像,三吐谈,四串仗,五温和,六省傍,七博览,八歌唱,九枕席,十伴当。"这句话中的"母儿"这个词,徐嘉瑞《金元戏曲方言考》释"母儿"为"资格"。李申指出:"汉语中可以说'有资格''没有资格',却没有'十个资格'或'十种资格'的讲法;另从意思上看,似乎也没有说得十分确切。"其实,"母儿"是本领、本事或才能义。徐州方言一直盛行说"母儿"。如:"真有母儿!""他的母儿高。""我要有你那个母儿,我早就不在这儿蹲了!""母儿"还可加子尾说成"母儿子"。例如当地一个十分流行的歇后语:"脚把子泥墙——也不看你那抹儿子!""抹儿子"本是泥墙工具,这里与"母儿子"谐音,用来讽刺那些无能而偏要逞强的人。从这点来看,"抹儿子"与我们经常说"这人有两把刷子"的"刷子"相类似,"刷子"也是刷墙的工具，由此引申出本事、有本事的意思，"抹儿子"与"刷子"的词义引申路径一致。

例二

《西游记》第 49 回有云："这个美猴王，性急能鹊薄。诸天留不住，要往里边蹿。"其中"鹊薄"是一个方言词，对"鹊薄"的词义内涵，学人们的看法比较一致，以其意指为人不宽厚，说话、行事尖酸刻薄。如此看待"鹊薄"的词义应该说是允惬的。曹海东、李玉晶《"鹊薄"及相关异写形式考辨》（《汉语学报》2015年第 1 期）一文进一步指出，现今很多地区特别是南方地区的方言中仍存"鹊薄"一词，其义正作如是解。除了"鹊薄"的写法之外，在西南官话、西北方言、赣语等方言文献资料中还写作"却薄""雀薄""缺薄""却剥""绪薄""鈠薄""榷驳""确驳"等字形，以音义观之，明显与前述《西游记》中的"鹊薄"实为一词，即为同词异字关系。

例三

《醒世姻缘传》48 回："龙氏正在扬子江心打立水，紧溜子里为着人，只见薛教授猛熊一般从屋里跑将出来，也没言语，照着龙氏脸上两个醑巴掌。"打立水，《汉语大词典》未收录，也不见于其他专门词典。雷汉卿《〈醒世姻缘传〉方言词补释》（《古汉语研究》2006 年第 3 期）指出，今青海方言把能在深水急流中站立踩水的技艺称为"打立水"或"打站水"。比喻指好出风头，逞强好胜。如"那个人水性胡都（非常）好说，能打立水哩。"（乐都）比喻用法如"那个的性子（性格）我知道，不管啥事情上都爱打个立水，显个能，你们甭争较（计较），让着些。"（乐都）"扬子江心打立水"比喻在遇到事情时有意逞能、显能。

方言佐证

七　因声求义

形音义是汉字的三要素，其中音与义的关系尤为密切。我国清代乾嘉考据学派的学者们对这点有明确的认识，所以他们大力提倡因声求义的方法，并在训诂实践中加以广泛的运用。这个方法，也就是通过字、词的声音线索（主要是指古音）去探求字、词的古义。

清代著名训诂学家段玉裁在其《说文解字注》中常常指出"凡某声字多训某""凡从某声皆有某义""凡字之义必得诸字之声""同声多同义""凡言某义者皆从某声""某字有某义,故言某义之字从之为声""声同义近声同义同"等等,这也是因声求义训诂方法的具体运用。例如:

(1)凡贲声字多训大

(2)凡叚声如瑕、鰕、騢等皆有赤色

(3)凡农声字皆训厚

(4)凡从辰之字皆有动义

段玉裁《说文解字注》中还有不少这样的论述和总结,请同学们课后查阅。但应该注意的是,因声求义的方法,其基本精神是科学的,但不能泛滥无归地说凡从某声皆有某义,要有具体分析才行。

再比如"景""京"二字,古音同为见纽阳部,结构上有相同之处,意义上均含有"大"义。《诗经·小雅·小明》:"神之听之,介尔景福。"毛传:"介、景,皆大也。"《诗经·大雅·皇矣》:"依其在京,侵自阮疆。"毛传:"京,大阜也。"又如"唐""荡"二字,古音同为定纽阳部,结构上完全不同,亦均含有"大"义。《说文》:"唐,大言也。从口,庚声。"《玉篇》:"尧称唐者荡荡,道德至大之貌。"王念孙《读书杂志·汉书十三》:"唐者,广大之貌。"《左传·襄公二十九年》:"美哉,荡乎! 乐而不淫。"孔颖达疏:"荡荡,宽大之意。"

八 疏通语法

疏通语法是训诂的重要方法之一,不通语法,则不能通训诂。近人杨树达曰:"余生平持论,谓读古书当通训诂,审词气,二者如车之两轮,不可或缺。通训诂者,昔人所谓小学也;审词气者,今人所谓文法之学也。汉儒精于训诂,而疏于审词气;宋儒颇用心于词气矣,而忽于训诂,读者两慊焉。有清中叶,阮芸台、王怀祖、伯申诸公出,兼能二者,而王氏尤为卓绝。"(《词诠·序例》)杨树达先生将训诂和语法分为二事,在我们看来,通语法就是训诂方法之一。

我们来看下面这个例子:

《离骚》中有这样一句话:"薋菉葹以盈室兮,判独离而不服。"王逸注云:

"蒺,蒺藜也。菉,王刍也。葹,枲耳也……三者皆恶草,以喻谗佞盈满于侧者也。"后世注家大抵承袭王注而无异辞。但是清代学者段玉裁、胡文英、姜皋、胡绍煐以及今人姜亮夫、高亨等,却发现王逸注未为确当,转而训蒺为积,"蒺菉葹"就是聚积菉葹以盈室。这样解释是正确的。他们怎么会发现王逸注的错误呢?实际上就是根据《离骚》的语法通例。按照《离骚》语法通例,处在"蒺"字地位上的只能是动词,不能是名词,这是一种"动名+以+动名(或动形)"式的句子。诸如:

纫秋兰以为佩　背绳墨以追曲　伏清白以死直　制芰荷以为衣
集芙蓉以为裳　依前圣以节中　揽茹蕙以掩涕　折若木以拂日
折琼枝以继佩　解佩纕以结言　苏粪壤以充帏　委厥美以从俗

《离骚》中还有一种"动名+以+动"式的句子,诸如:

乘骐骥以驰骋兮

保厥美以骄傲兮

《离骚》中另有"动名+以+状动"式的句子,如:

济沅湘以南征兮

因声求义和
语通法

但决无"名+以+动名"式的句子。由此可以断定:王逸训"蒺菉葹以盈室"的"蒺"字为名词的蒺藜,是不符合《离骚》语法通例的,因而是不正确的。

再如从语法角度看,《诗经·摽有梅》一般训"摽"为落,"有"则为名词词头。但也有学者提出不同意见,这里我们作简要介绍,供同学们思考。禹建华在《"摽有梅"别释》(《古汉语研究》2011年第2期)一文提出:"摽"为"標"的俗写,"树梢"的意思,"有"为谓语。具体而言,该文认为"有"在《诗经》里用作词头的现象比较多见,常用作形容词和动词词头,如《诗经·静女》:"彤管有炜,说怿女美。"《诗经·击鼓》:"不我以归,忧心有忡。"《诗经·七月》:"春日载阳,有鸣仓庚。"也有用作名词词头的用例,如《诗经·烝民》:"天监有周,昭假于下。"《诗经·文王》:"有周不显,帝命不时。"《诗经·时迈》:"昊天其子之,实右序有周。""明昭有周,式序在位。"这是用在朝代名的前面,王力先生在《汉语史稿》中曾经指出,"有"作名词词头,经常加在国名、地名、部落名的前面。《诗经》里用在朝代名前仅此数见，其他先秦文献有一定数量，如《尚书·汤誓》："有夏多罪，天命殛之。"《尚书·召诰》："有殷受天命，惟有历年。"也有用在部落名的前面，如《尚书·皋陶谟》："何迁乎有苗？"《韩非子·五蠹》："当舜之时，有苗不服。"《诗经》里不见此类用例，但有用在方位名词前面的，如《诗经·巷伯》："取彼谮人，投畀豺虎。豺虎不食，投畀有北。"还有用在普通名词前面的，如《诗经·巷伯》："投畀有昊。"《诗经·宾之初筵》："发彼有的，以祈尔爵。"但用例很少，他如《尚书·益稷》："予欲左右有民，汝翼。"《尚书·召诰》："呜呼！有王虽小，元子哉！"《左传·昭公二十九年》："孔甲扰于有帝。"《论语·为政》："友于兄弟，施于有政。"

概言之，"有"作名词词头的现象在上古虽然比较多见，但我们在《诗经》和其他先秦文献里却没有发现这些名词可以表示果实或果木名称的。《诗经》里另有"有梅"连用例，如《诗经·终南》："终南何有？有条有梅。""有"用作谓词。且《诗经》里"有"与植物名连用时，一律用作谓词，如："山有榛""隰有苓""墙有茨""中谷有蓷""丘中有麻""丘中有麦""丘中有李""南有樛木""林有朴樕""山有乔松""隰有荷华""野有蔓草""南有乔木""园有桃""园有棘""山有枢""隰有榆""山有栲""隰有杻""山有漆""隰有栗""阪有漆""阪有桑""隰有杨""有纪有堂""山有苞栎""山有苞棣，隰有树檖""墓门有棘""有蒲与荷""有蒲与蕳""有蒲菡萏""隰有苌楚""南山有桑，北山有杨""南山有杞，北山有李""南山有栲，北山有杻""南山有枸，北山有楰""东有甫草""中原有菽""爰有树檀""疆埸有瓜""山有蕨薇，隰有杞桋""有稷有黍，有稻有秬"。没有一例"有"用作词头的例证。

九　探求语源

所谓推求语源，主要是从同源词中广泛系联派生词，即确定同源派生词之间的渊源关系。下面看三个例子：

例一

《诗·陈风·防有雀巢》："中唐有甓，邛有旨鹝。"吴树声《诗小学》卷九注云："……《东京赋》：'丰朱草于中唐。'薛注：'中唐，唐塗也。'据以上，则中庭之道谓之'中唐'，古语也。'唐中'亦'中唐'也。声案：'唐'有空义、大义，中庭之路空而且大，故谓之'唐'。"

毛传云："中，中庭也。唐，唐塗也。"《尔雅·释宫》："朝中路谓之唐，堂途谓之陈。"《释名·释宫室》："陈，堂塗也。"李巡注："唐，朝中路名。"可见，"唐"有路义。《玉篇·辵部》："途，途路也。"《广韵·模韵》："途，道也"。字又作"塗"。唐、途均有"路"义。唐上古为定母阳部，途为定母鱼部，定母双声、阳鱼对转，唐、途音近义通，二字同源。

例二

《诗·曹风·蜉蝣》："蜉蝣掘阅，麻衣如雪。"吴树声《诗小学》卷九注云："当疑方书蝉蜕、蛇蜕'蜕'字何以从兑，不得其解，读《诗》'蜉蝣掘阅'而后恍然也……化生之属于旧躯壳上掘穴而出，其旧躯壳即谓之蜕。蜕，脱也，脱去旧壳也。此'蝉蜕''蛇蜕'之所以得名歟。"

此例吴氏解释了"蝉蜕""蛇蜕"的得名之由，认为"蜉蝣掘阅"的"阅"乃"穴"之借字。段玉裁曰："'兑'即'阅'之省，假借字也。"吴氏认为"兑"为"阅"之省，亦"穴"之借字也。"掘阅"即掘穴而出，脱去旧躯壳（蜕）。蜕为透母月部，脱亦为透母月部，兑为定母月部，蜕、脱、兑声转，"掘阅""掘脱"即为"脱蜕"，蛇、蝉均有脱皮、脱壳的习性，由此而得名"蝉蜕""蛇蜕"。

例三

《楚辞·招魂》："魂兮归来，西方之害，流沙千里些。旋入雷渊，靡散而不可止些。"其中"雷渊"一词，王逸注为"雷公之室"，洪兴祖引《山海经》谓"雷泽中有雷神，龙头而人身"。然而雷公、雷神云云，与上文的"旋入"及下文的"靡散而不可止"完全连不起来，我们认为王逸、洪兴祖的说法并非正解。从语源上考察，"雷渊"就是回渊。古代雷、回通用，如《楚公逆镈铭》中的吴雷，《史记·楚世家》作吴回，就是证明。《说文·雨部》："靁，阴阳薄动靁雨生物者也。从雨；畾象回转形。"段注说："凡古器多以回为靁。"章太炎《文始》说："畾声之字，音义皆取诸回。"回、渊义相比类，《说文·水部》："渊，回水也。从水，象形，左右岸也，中象水貌。"段注："颜回字子渊。"《说文·囗部》："回，转也。从囗，中象回转形。"所有这些都说明，雷渊即回渊，回渊就是一潭旋转的水，这种水最容易使人溺亡,即使最善游泳的人,一旦没于回水之中,也将回旋而下不能得救。旋入雷渊之旋,正好与回水相呼应,足以证明雷渊即回渊。至于《山海经》所谓"雷泽中有雷神"的说法,是根据"雷"字常用的意思附会为说,用雷公之室来解释《楚辞》,显然并不是探本溯源的正解。

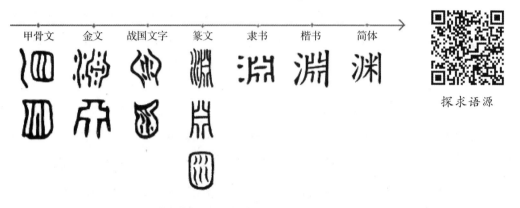

"渊"字形演变图

第六章课后思考题:

1.请从课外资料中寻找一个运用排比用例法解释词义的实例。

2.请从课外资料中寻找运用现代方言解释词义的例子。

3.请列举 5 个从辰得声皆有动义的字。

本章参考文献

[1]《试释"华清池"之"华清"》,陈丽君,《古汉语研究》2010 年第 3 期

[2]《训诂学》,郭芹纳,高等教育出版社,2005 年

[3]《敦煌变文字义通释》,蒋礼鸿,浙江大学出版社,2016 年

[4]《义府续貂》(增订本),蒋礼鸿,中华书局,2020 年

[5]《金元戏曲方言考》,徐嘉瑞,商务印书馆,1956 年

[6]《〈金瓶梅〉方言俗语汇释》,李申,北京师范学院出版社,1992 年

[7]《"鹊薄"及相关异写形式考辨》,曹海东、李玉晶,《汉语学报》2015 年第 1 期

[8]《〈醒世姻缘传〉方言词补释》,雷汉卿,《古汉语研究》2006 年第 3 期

［9］《词诠》,杨树达,中华书局,2004 年

［10］《"摽有梅"别释》,禹建华,《古汉语研究》2011 第 2 期

［11］《汉语史稿》,王力,中华书局,2004 年

第七章　训诂的原则(上)

学习目标：

　　掌握训诂的几个重要原则

　　为弄通古代词义，正确地打破字形的隔阂，是必要的。为了牵就主观想法，无原则地滥用通借破字，是不对的。我们必须掌握几个原则，以避免穿凿附会、任意改字立义的毛病。

一　实事求是，无征不信

　　实事求是、无征不信，是词义训释的基本原则。梁启超《清代学术概论》曾总结清代学者的学风，列在第一条的就是"凡立一义，必凭证据。无证据而以臆度者，在所必摈"。最有力的证据就是本证。比如：

　　《诗经·周南·卷耳》："采采卷耳，不盈顷筐。"毛传说："采采，事采之也。"清马瑞辰《毛诗传笺通释》卷2又云："《蒹葭》诗'蒹葭采采'，传：'采采，犹萋萋也。'萋萋犹苍苍，皆谓盛也。《蜉蝣传》：'采采，众多也。'多与盛同义。此诗及《芣苢》诗俱言'采采'，盖极状卷耳、芣苢之盛。《芣苢》下句始云'薄言采之'，不得以上言'采采'为采取。此诗下言'不盈顷筐'，则采取之义已见，亦不得以'采采'为采取也。"也就是说，《诗经》中除了《卷耳》这处"采采"之外，还有《蒹葭》《蜉蝣》《芣苢》等篇目中也有"采采"的说法，比如"蒹葭采采，白露未已""蜉蝣之翼，采采衣服""采采芣苢，薄言采之。采采芣苢，薄言有之。采采芣苢，薄言掇之"等等。这些"采采"都是"盛多"义，清代马瑞辰正是利用《诗经》本身的用例（即《诗经》本证）有效地解释了"采采"究竟应作何解。

《毛诗传笺通释》书影

　　再看一个例子，《诗经》"谁适为容""谁适与谋"两句，杨合鸣先生（1993）认为"谁适为容""谁适与谋"都是宾语前置句，"谁"充当介词"为（wèi）"和"与"的宾语，前置，句意是"为谁容""与谁谋"，"适"只是衬音助词，相当于"是/之"，没有实义。因为只有这样才能在语法上讲通，其他说法都无法正确分析句法结构。

　　汪维辉先生《〈诗经〉"谁适为容""谁适与谋"解》（《古汉语研究》2019 年第 4 期）一文认为，杨合鸣对两句诗语法结构和句意的解释虽然正确无误，但是论述并不充分，而且前后有自相矛盾处，还难以让人确信无疑（这大概也是在今人的各种《诗经》译注和研究类著作中几乎无人采用杨说的原因之一），特别是对关键的"适"字，语焉而不详（在不同的场合用了"结构助词""语助词""衬字"三种称呼），所以尚有进一步讨论的必要。

　　汪文尝试找到一些旁证，《方言》卷 1："嫁、逝、徂、适，往也。……逝，秦晋语也。徂，齐语也。适，宋鲁语也。往，凡语也。"《说文·辵部》："适，之也。从辵，啻声。适，宋鲁语。"汪先生指出，"适"和"之"语音上有联系，在"往"义上可能就是方言同源词，那么理论上它们用作宾语前置句的衬音助词也可以存在这种对应关系。"谁适为容"句出自《卫风》，卫与宋在上古属于同一个方言区，所以这个"适"是"宋语"大概没什么问题。《诗经》中相当于"往"的"适"出现在郑风（4 次）、魏风（3 次）、唐风（1 次）和陈风（1 次）中，魏和陈与宋毗邻，关系密切，也可以看作广义的"宋语"；郑和唐（就是晋）则分别属于"周韩郑方言区"和

"秦晋方言区"，跟"宋语"关系较远。"谁适与谋"句出自《小雅·巷伯》，还有两例义为"往"的"适"也出现在《小雅》：今适南亩，或耘或耔，黍稷薿薿。（《小雅·甫田》）乱离瘼矣，爰其适归。（《小雅·四月》）无独有偶，《小雅》中的这三首诗，小序都说是"刺幽王也"，《巷伯》是"寺人伤于谗故作是诗也"，《四月》是"大夫刺幽王也"，可见这两首诗的作者都应该是周幽王身边的人。如此看来，这个"适"（动词/宾语前置句的衬音助词）当时可能也分布在秦晋和郑一带，而不限于宋、鲁。总之，"谁适为容""谁适与谋"中的"适"可能就是西周春秋时期"之"的一个方言变体。《经典释文》音"都历反"，今音应读作 dí，出土文献中用同音字"敌"，可以为证。当然，汪文也指出，虽然上面为"谁适为容""谁适与谋"这一句式找到了一些旁证，它们作为宾语前置句的成立是没有问题的，即"谁适为容""谁适与谋"按照今天的语序，读"为谁容""与谁谋"，但是毋庸讳言，两个条件——介词宾语"谁"前置，衬音助词用"适"——同时具备的例子，除《诗经》这两例之外在传世文献中确实找不出第三例。可见"谁适为容""谁适与谋"是上古汉语宾语前置句式中一种特殊的类型，在传世文献中，目前发现的只有《诗经》中的这两例。那么如何解释这一现象呢？我们暂时只能把它归因于《诗经》语言的特殊性，这并非遁词，而是有事实依据的。《诗经》中有一些特殊的词语和句式不见于其他上古载籍。比如副词"洵"（义为"确实"，如"洵美且异""洵訏且乐""洵有情兮"等）、句首语气词"薄/薄言"等只见于《诗经》。又如"伊"在《诗经》中是个高频词，其中作指示代词的用法（共出现 11 次）不见于他书，如"所谓伊人"；也可作语气词/助词，有各种用法（共出现 30 次），如"不远伊迩""我罪伊何""伊于胡底"等等，《诗经》之外也少见，《尔雅·释诂》："伊，维也。伊、维，侯也。""伊"主要就是解释《诗经》的。句式方面，如"不我屑以"（《邶风·谷风》）这样的句子在《诗经》和全部先秦典籍中都是孤例。

在充分掌握本证的基础上，利用旁证来辅佐释义，也是学者经常采用的方法。比如《墨子·非乐上》："将必使当年，因其耳目之聪明，股肱之毕强。"王念孙、王引之《经义述闻·尔雅》"丁，当也"条指出："当年，壮年也。或曰丁年。""'当'有盛状之义。《晏子春秋·外篇》曰：'兼寿不能殚其教，当年不能究其礼。'《吕氏春秋·爱类篇》曰：'士有当年而不耕者，女有当年而不绩者。'丁、当一声之转。当年者,丁年也;丁年者,壮年也。《淮南·齐俗篇》曰:'丈夫丁壮而不耕,妇人当年而不织。'《管子·揆度篇》曰:'力足荡游不作,老者谯之,当壮者遣之边戍。'当壮,即丁壮也。"王念孙利用《晏子春秋》《吕氏春秋》《淮南子》《管子》中"当年"为"丁年""壮年"的例子来证明《墨子》中的"当年"的意思,这些例子都是旁证,或称他证。

再比如《左传·庄公十年》:"其乡人曰:'肉食者谋之,又何间焉?'"有人将"间"解释为"补充或纠正"。孤立地就此例来看,似乎也说得通。但《左传》中"间"字一共出现了 81 次,其他 80 次都不作补充、纠正讲,不仅这样,《左传》而外的其他先秦两汉典籍也不当补充、纠正讲,因此,这 1 例"间"也不应这样理解。不管是本证还是他证都不支持这一说法。

实事求是
无征不信

"間"本作"閒",《說文》:"閒,隙也。"段注:"閒者,隙之可寻者也,故曰閒厠,曰閒迭,曰閒隔,曰閒谍。"该句杜预注:"间,犹與也。"孔颖达疏:"间谓间杂。言不应间杂其中而为之谋,故云'间犹與也'。"根据以上解释,"间"就是参与(其事)、厕身其间的意思,不应另作他解。

再看几例:

例一

《诗经·小雅·鹤鸣》中"鹤鸣于九皋",很多人误以为"九皋"即九皋山。"九皋山"的名称在明代以后才出现。此山《山海经》称作"放皋之山",《水经注》称为"狼皋山"。因为在明水旁边,故又叫"明皋山",所以此处的"皋"很可能原来为高义。唐代有人据《诗经》"鹤鸣于九皋",把"明皋山"改作同音词"鸣皋山",到明代又有好事者强要与《诗经》扯上关系,改为"九皋山"。

毛传、郑笺、韩诗、《经典释文》《论衡》《太玄经》都把该诗中的"皋"训作"泽"。鹤是泽鸟,鸣于泽中更加合理。"鹤鸣于九皋,声闻于天",比喻贤士英才,虽鸣于低下之泽,而其声可以上达于天,"九皋"就是"九泽"甚明。且上古有九泽之名,并没有九皋之说。《说文解字》释"薮":"九州之薮:杨州具区,荆州云梦,豫州甫田,青州孟诸,沇州大野,雝州弦圃,幽州奚养,冀州杨纡,并州昭余祁是也。"实际上,"皋"是"睪(澤)"的字形误写,二字在古文字发展的某个阶段非常相似，于是一些文献中“九睪”就常被写成了“九皋”而一直传误。隶变以后，“皋”的字形与“睪”逐渐区分开来，而且“睪”后来加了形符成了“澤”，人们更不会想到“皋”与“澤”有什么关系。这种情况下就产生了“皋”通“澤”之说。关于这一问题，同学们可以详参潘牧天、潘悟云《“皋”“睪(澤)”考辨》(《中国语文》2019 年第 1 期)一文。

例二

“逹靻”见于敦煌口语辞书《俗务要名林》。张文冠《“逆靻”考——兼谈词语考释中的三个问题》(《语文研究》2019 年第 3 期)对此进行了详尽的考证，张文指出《俗务要名林》中的“逹靻”并非“达靻”，而是“逆靻”。“逆靻(靼)”并非仅见于《俗务要名林》，在其他敦煌文献中也有记载。例如：逆靻，鞅子。(斯 3227 号背《杂集时要用字・车部》)例中的“逆靻(靼)”和“鞅子”类属相同，二者同时出现，则从侧面证明“逆靻(靼)”也应是一种马具。

张文冠老师考察域外汉籍后提出，“逆靻”虽不见于唐以后的中土文献，但在日本的辞书、史书等典籍中有该词的相关记载。例如：

> 逆靼，《杨氏汉语抄》云：“逆靼，一云逆靳。”(《倭名类聚抄》卷一五“调度部下・鞍马具”)

张文借此指出，该例虽未对“逆靻”进行详细描述，但将其列于“鞍马具”类别之下，就直接表明了该物的类属。《倭名类聚抄》保留了很多我国六朝以来的词语，“逆靻”就是其中的一例。又如：

> 逆靼，镫靼，镫靳。俗云镫钩。按，逆靼，所以维镫者，其耑环名铰具，藏其内有镫，靼可以挂镫。(《和汉三才图会》卷 33“车驾类”)

张文认为此例中明确指出，“逆靻”与“镫靻、镫靳”是同物异名关系，其作用是“维镫”，也就是用来悬挂马镫。更引人注意的是，《和汉三才图会》除用文字记载了“逆靻”，还配有一张绘制的“逆靻”图。从图来看，“逆靻”就是用来悬挂马镫的皮带。

《和汉三才图会》中的"逆靶"图

例三

《世说新语·规箴》："郗太尉晚节好谈，既雅非所经，而甚矜之。后朝觐，以王丞相末年多可恨，每见，必欲苦相规诫。王公知其意，每引作他言。临还镇，故命驾诣丞相。丞相翘须厉色，上坐便言：'方当乖别，必欲言其所见。'意满口重，辞殊不流。王公摄其次曰：'后面未期，亦欲尽所怀，愿公勿复谈。'郗遂大瞋，冰衿而出，不得一言。"

"冰衿"一词，众说纷纭，向无定说。"衿"，《世说新语》唐写本作"矜"。明方以智《通雅》卷五《释诂》曰："冰矜，犹言冷也。"明凌濛初刊刻《世说新语》批曰："'冰衿'，意者寒战也，人怒极，恒有此。"清朱亦栋《群书札记》卷3："'冰衿'二字切音为'噤'，谓寒战而口不能言也。"清陈仅《扪烛脞存》卷12："冰衿，谓涕泗沾衿。"

余嘉锡说："'冰衿'不可解，余初疑'冰'字'砅'字之误。乃观唐写本，则作'冰矜'，点画甚分明，其疑始解。盖郗公不善言辞，故瞋怒之余，惟觉其颜色冷若冰霜，而有矜奋之容也。"

在前面各家说法基础上，陶智、方一新《再释"冰矜"》（《中国语文》2019年第2期）一文提出，"冰矜"是态度凛肃而傲慢的意思。"矜"有"倨傲"的意思。《礼记·表记》："不矜而庄，不厉而威。"汉郑玄注："矜，谓自尊大也。"《世说新语》"郗遂大瞋,冰衿而出,不得一言",说的是郗鉴大怒,冷蔑倨傲而出,不说一句话。这与前文"郗太尉晚节好谈,既雅非所经,而甚矜之"正好相应。另外,三国魏嵇康《家诫》也有"冰衿"一词,说:"非意所钦者,而来戏调、蚩笑人之阙者,但莫应从。小共转至于不共,而勿大冰衿。趋以不言答之,势不得久,行自止也。"

"冰衿"说的就是冷淡倨傲的意思。这句话说的是非心中所钦慕者,而来戏调、嗤笑别人的缺陷,不要应从。稍与之共语,渐而不与之共语,也不要过于冷漠矜傲,马上以沉默应之,对方说不下去,自然也就停止了。详细研究情况,同学们可以参考陶智、方一新《再释"冰衿"》(《中国语文》2019 年第 2 期)一文。

实事求是
训诂原则

二 辩证的观点

辩证地看问题就是要求我们在看问题、分析问题的时候,要从正反两方面来分析,不能单纯从某一方面片面地来对待问题,就是要用全面的、发展的、联系的观点看问题,不能用片面的、静止的、孤立的观点看问题。我们来看下面的例子:

《论语·学而》:"有朋自远方来,不亦乐乎?"何晏集解引包咸曰:"同门曰朋。"

俞樾根据《经典释文》等材料说"有朋"原作"友朋",又考证说:"《说文·方部》:'方,併船也。象两舟省总头形。'……是方、竝同义。'友朋自远方来'犹云'友朋自远竝来',曰友曰朋,明非一人,故曰竝来。……今学者误以'远方'二字连文,非是。凡经言'方来'者,如《周易》'不宁方来'、《尚书》作'兄弟方来',义皆同此。"

"远方"连读是春秋时的常语,《左传》宣公三年有"远方图物",昭公十六年有"兴师而伐远方"。《论语》这句话跟《史记·儒林列传·申公》"弟子自远方至"正好相同,完全没有必要征引《书》《易》而改变原文的结构和词义。俞樾先生只抓住"方"有并义,便将"有朋"作假借解为"友朋",将整句话重新断句为

"有（友）朋/自远/方（并）来"，显得很是曲折。

再看两例：

例一

> 四岳谓禹曰："舜以鲧治水无功，举尔嗣考之勋。"禹曰："俞，小子敢悉考绩，以统天意，惟委而已。"禹伤父功不成，循江泝河，尽济甄淮，乃劳身焦思以行，七年闻乐不听，过门不入，冠挂不顾，履遗不蹑。
>
> （《吴越春秋·越王无余外传》）

"小子敢悉考绩"是大禹针对四岳问话中的"举尔嗣考之勋"而作的答语。"举尔嗣考之勋"意思是说，推举你继承你父考的功业；"小子敢悉考绩"大意是说，小子我冒昧续修父考的功业。一问一答，问答之间的话题链应该一致，否则就是答非所问，但是"悉"与"嗣"词义完全不同。胡敕瑞《〈吴越春秋〉"悉考绩""冠挂不顾"解》（《古汉语研究》2018 年第 2 期）一文认为，"悉"可能是"述"字形误。

胡文引《颜氏家训·书证》："《史记》又作'悉'字，误而为'述'……，裴、徐、邹皆以'悉'字音'述'。"根据颜之推的这条记载，胡先生推出在汉魏六朝时期，"悉""述"相误是一种常见现象，以至于注家拿"悉"字来作"述"的音读。《越王无余外传》"小子敢悉考绩"中的"悉"应是"述"字形误，"小子敢悉考绩"当作"小子敢述考绩"。《说文·辵部》："述，循也。"徐锴案："《礼》曰'父作之，子述之'是也。""述"义谓循修。《国语·鲁语上》："鲧障洪水而殛死，禹能以德修鲧之功。"《史记·夏本纪》："于是舜举鲧子禹，而使续鲧之业。"《国语》《史记》讲的是同一桩事，"修鲧之功""续鲧之业"与"述考绩"文意相合。答语"小子敢述考绩"中的"述考绩"与问话中的"嗣考之勋"正可以相照。

> 十二年冬，楚平王卒。伍子胥谓白公胜曰：'平王卒，吾志不悉矣。然楚国有，吾何忧矣？'白公默然不对，伍子胥坐泣于室。（《吴越春秋·王僚使公子光传》）

张觉《吴越春秋全译》把"平王卒，吾志不悉矣"译作"平王去世了，我们报仇的心愿不能完全实现了"。将译文与正文对照，可见张氏是将"悉"译成"完全实现"。然而"悉"并没有这样的诂训。文中的"悉"疑是"述"字形误。

其他典籍中也有"悉""述"相误的例子。例如《说苑》：

> 仲尼对曰："千乘之君，万乘之主，问于丘者多矣，未尝有如主君问丘之术也。"（《说苑·政理》）

相同内容也见于《孔子家语》，其文云：

> 孔子对曰："千乘之君，问丘者多矣，而未有若主君之问，问之悉也。"（《孔子家语·贤君》）

俞樾《读书余录》根据《孔子家语·贤君》的异文，认为《说苑·政理》中的"'术'字无义，当依《家语》作'悉'"。根据上文的语境，梁国国君曾向孔子询问一系列问题，因此孔子回答说，各类大大小小的君主询问我的人多着呢，但从来没有像主君您问我这么详尽的。俞樾的意见是对的。"术"置于文中与上下文意不合，而"悉"有详尽义。文作"未尝有如主君问丘之悉也"，正好照应上文国君的一系列详细询问。

例二

今本《诗经·陈风·墓门》第二章作：

> 墓门有梅，有鸮萃止。夫也不良，歌以讯之。讯予不顾，颠倒思予。

其中"歌以讯之"及"讯予不顾"之"讯"，在传世文献系统中有异文作"谇"，主要来源有：《经典释文·毛诗音义》"讯之"条下云"本又作谇"；《广韵·至韵》"谇"、《龙龛手镜·言部》"谇"下引《诗》"歌以谇止"；《楚辞·离骚》"謇朝谇而夕替"王逸注引《诗》"谇予不顾"。对此,蒋文《重论〈诗经·墓门〉"讯"为"谇"之形讹——以文字讹混的时代性为视角》（《中国语文》2019 年第 4 期）一文进行了探讨。

从字形上看,"讯""谇"讹混存在时代性,如果以阜阳简"歌以谇之"为定点,向下推"谇"可以讹为"讯",向上推则不可能讹自"讯"。语音上,"讯"和"谇"通假既不合"理",也无确定之"例",二者音近假借的可能性极低。因此,《墓门》之句的原始面貌不会是"歌以讯之",应该就是"歌以谇之";相应的,下句"讯予不顾"也应作"谇予不顾"。今本之"讯"当为"谇"之形讹。"谇"就是斥责、告诫的意思。

实践中遵循的
辩证原则

三 历史、发展的原则

语言是随历史发展的,训诂必须掌握语言的历史情况,才可能有正确的解释。解释古语,要懂得语义的历史演变情况;解释现代书面语,有时也需要懂得语义的历史演变情况。因为现代书面语吸收了不少的古词语,如果对语源不清楚,了解就不够透彻,甚至于误解。

我们首先来看第一个方面,词的结构,古今不尽相同。

许多词,在现代是复合词,在古代是词组。例如"国家",在春秋以前,天子统天下,诸侯的封地称国,大夫的封地称家。《论语·季氏》:"丘也闻:有国有家者,不患寡而患不均,不患贫而患不安。"《左传·成公十三年》:"挠乱我同盟,倾覆我国家。"《礼记·礼运》:"故天下国家可得而正也。""国家"是词组,家谓卿大夫封地。《尚书·立政》:"其惟吉士,用励相我国家。"国一作邦。这个"家",是家族之家。《立政》篇的"国家"是国的通称,作为偏义词,它的结构还不稳定。到汉朝,"国家"才真正变成一个词。司马迁《报任少卿书》:"常思奋不顾身,以殉国家之急。"这个"国家",是拆不开的。所以用汉以后"国家"二字的结构,来看待《左传》《礼记》《尚书》的"国家",必然要误解。

再比如早期"兄弟"和"弟兄"都是词组,都表示"哥哥和弟弟"。根据"像似性"原则,"兄""弟"连用是一种自然的组合,表示血缘的密切关系和长幼的先后次序,符合"时间先后顺序"的原则。而"弟""兄"连用形式相对较少,虽各时期均有出现,但一直很少,大约从明代开始用量才有所增加。"兄弟"和"弟兄"这两种基本组合形式,早期表义都是"哥哥和弟弟",随着时代的发展和使用场合的变化,它们的语义发生了一系列变化。

《现代汉语词典》"兄弟"读作 xiōng dì 时,释义为:哥哥和弟弟。读作 xiōng di 时,义为:1)偏指弟弟。2)称呼年纪比自己小的男子(亲切口气)。3)男子跟辈分相同的人或对众人说话时的谦称。可见,"兄弟"发展到现代,不仅保留了古义"兄弟1"("加合型"词组),还经历了词汇化成为偏指弟弟的亲属称谓"兄弟2"、敬称他人的社会称谓"兄弟3"、自我谦称的"兄弟4",并留下了区别词义的语音手段—单称时语音发生弱化的词汇化痕迹。

我们再来看第二个方面,词义演变,古今不同。

首先,各时代的词汇反映各时代的社会发展。词在语言发展过程中有消灭,有增加,有转移。现代汉语消灭的词,如诸侯、社稷、衮冕等等;增加的词,有的是旧义增新词,如上古有"天下""宇宙",魏晋佛教传来以后,增加了"世界"。上古有"今",中古佛经译文增加了"现在"。有的是意义和词都是新增的,比如汉代通西域,增加了一大批新词;晋以后佛教盛行,增加了一大批新词;鸦片战争以后西洋文化输入,尤其是新中国建立以后社会主义事业大发展,增加的新词更多。正如王力《汉语史稿》中所指出的,现在在一篇政治论文里,新词往往达到百分之七十以上。转移的词,有义转与词转两类。义转者,词义转移,如脚,古义为胫,晋以后意义转为足。词转者,同一个意义改变了词,如现代"奔跑"的意义,在上古叫走,叫奔,唐以后叫跑;现代"走"的意义,上古叫步,叫行。因此,了解了这些情况之后,在解释古语的时候,要注意几件事:一是对于消灭的词,不能用现代汉语直译,因为在现代汉语中找不到一个词能表示它的意义。二是对于意义和结构有变化的词,要注意新旧义的差别及新词出现的时代意义。例如《论衡·正说》:"夫《尚书》灭绝于秦,其见在者二十九篇。"其中"见"音现,这个"见在"只是"目前存在",和作为一个词出现的"现在"意义不一样。三是对于转移的词,要注意词和意义的演变情况,避免误解。下面我们具体看几个例子:

"暴风骤雨"的"骤"，《说文·马部》："骤，马疾步也。"清段玉裁注："按今字'骤'为暴疾之词，古则为屡然之词。凡《左传》《国语》言'骤'者，皆与'屡'同义。如'宣子骤谏''公子商人骤施于国'是也。"讲的就是，赵宣子屡次进谏；公子商人屡次在国内向百姓布施。

《楚辞·九歌·湘夫人》："时不可兮骤得，聊逍遥兮容与。"东汉王逸注："言富贵有命，天时难值，不可数得，聊且游戏，以尽年寿。"王逸认为"骤"是数次的意思，这一说法是准确的。

在训诂学研究当中，经常可以看到因为缺乏历史观点，未注意古今词义的不同而产生的错误。比如《颜氏家训·归心》："稍醒而觉体痒，爬搔隐疹，因尔成癞。"有人把第一句翻译成"稍微醒来，觉得身痒"。其实，在上古汉语中，"稍"作为副词，常表示动作的逐渐性，是"渐渐"义，而不是"稍微"义。中古时期也基本如此，隋唐以来"稍"作"稍微"讲的用例逐渐多起来。译文未免以今律古。

历史、发展的原则一

以下分别举词转、义转例子若干：

词转的例子比如，现代方言中表"站立"义的主导词有 3 个：站、立、徛。它们的分布特点是："站"分布最广，大多数北方方言说"站"，此外还散见于非官话区的部分方言点；"徛"密集分布于东南部的吴语、徽语、赣语、湘语、客家话、广西平话、粤语、闽语地区；"立"则呈零散分布，散落在官话、晋语、吴语、赣语、湘语、湖南乡话和广西平话各区。这 3 个词在汉语史上的情况大致是："立"从有文字记载的上古早期起一直是影响最大的通语词，直到明代以后才在大部分北方地区被"站"替换；"徛（倚）"用作"站立"义始见于战国，历史上可能作为一个方言词一直存在于南部广大地区；"站"始见于唐代，明代以后在广大的官话区逐渐取代"立"成为新的通语词。"站"很可能是所谓的"长江型"词，即兴起于江淮流域而后往北扩散。

再比如："桥"普遍作为渡河建筑之称，始于西汉文献。"桥"系取义于"高"，而非"高而曲"。但到东汉时，"桥"才完全取代了"梁"。"桥"之所以能取代"梁"，是因为当时跨水行空的新桥梁的大量出现，这种新桥梁与"桥"之"高"

的语源特点正相适应,而以横贯水面、亘于水中为特点的"梁"已不足以显示其意义。

另外,近代汉语阶段,表"应该"义的助动词主要有"合"和"该","合"始见于西汉,经过隋唐宋三代的发展,金元时期成为"应该"义的主导词;"该"最初见于唐代书面语文献,南宋口语文献才开始有少许用例,但由于具有表义明晰性强、音义感知度高等优点,明清两代用例迅速增多,明中后叶即取"合"而代之成为现代汉语口语中"应该"义的常用词。

以上为词转例。而且大家会发现,多半为常用词的历史替换,汪维辉先生又管以上这些现象叫"历时同义词"。下面我们再举两个义转的例子:

例一

"吃"字被动式的兴起和消亡,是近代汉语史上的一件大事。迄今为止,对这一被动式的产生过程已有充分的研究,然而尚不清楚它消亡的原因。经过考察,会发现:因为受不同时代语法整体系统的影响,虽然"吃"和"被"的语法化途径相似,但是它们一开始就具有不同的语法功能;宋元兴起的"吃"字式和此前业已存在的"被"字式有悖于汉语语法演化的大趋势,它们语法化的途径和功能与当时汉语语法的整体系统不相符,所以在清代以后开始走向衰落,在口语中逐渐被新兴的"叫"字和"让"字被动式所取代。

例二

方言表示"睡"义,主要有"睡"和"瞓"两系。我们依据文献考察"困(瞓)"的历史。唐代"睡"兴起,约莫从晚唐五代起,"困"在南方开始向"睡"义转化,此后逐渐形成南北对立。"困(瞓)"在明代后期的吴语文献中用法已经跟现代吴语无别。现代方言中"睡"和"困(瞓)"的分布格局大概形成于宋代以后。

其次,由综合到分析,是词汇发展的基本趋势

比如,古代洗发叫沐,洗脸叫沬,洗身叫浴,洗手叫澡,洗足叫洗。现在统一叫洗,洗身叫洗澡。这是词汇发展由综合到分析这一趋势的一个典型例子。

古人把言语分开,说"直言曰言,论难曰语"。现代汉语只叫说,或言语。同是白色,物质不同,显示的白色也不同,因而词也有多种。月白为皎,日白为皛,人白为皙,鸟白为翟,霜雪白为皑,草华白为皅,玉石白为皦。现在统称白。

由综合到分析，也叫从隐含到呈现，比如刚才我们讲到的这两个例子，古代洗的对象头发、脸、身体、手、足等作为义素分别隐含在沐、沫、浴、澡、洗这些动词里面，到东汉以后慢慢从隐含状态到呈现状态，变为洗头、洗脸等词组中的一个词，同样，月白、日白、人白、鸟白、霜雪白、草华白、玉石白，各种白前面的定语在上古时期作为义素分别隐含在皎、皢、皙、皠、皜、皅、皦这些名词里面，也是东汉以后慢慢作为词呈现出来。关于词汇发展的这一基本趋势，胡敕瑞写过一篇《从隐含到呈现（上）》的论文，发表在《语言学论丛》第31辑，请同学们课后阅读参考。

再次，词义发展的情况有两种，一种是新义代旧义；一种是旧义之外增加新义，新旧义并行。前一种情况如："敷衍"的本义是"传播"或"发挥"的意思。《旧唐书·代宗本纪赞》："敷衍德音。"《宋史》卷435《范冲传》："冲敷衍经旨，因以规讽。"现在说"做事马虎"叫"敷衍了事"。这是新义代替了旧义，旧义在现代汉语中已很少用。后一种情况如："是"本是指示代词，到秦汉之际转为系词，新旧义并行的时期相当长。代词"是"从口语中消失，可能在晋唐"底箇""者箇"流行之时，"底箇""者箇"也就是我们现在说的"这个"。

王力《汉语史稿》（2004）说："词义的转化不一定就是新旧的代替，也就是说原始意义不一定因为有了引申意义而被消灭掉。词义的转移共有两种情形：一种如蚕化蛾，一种如牛生犊。"显然，王力先生说的"蚕化蛾"说的是新义代旧义，而"牛生犊"说的则是旧义之外增加新义，新旧义并行。由于新义代替旧义的词比较少，原义和新义并存的词比较多，所以词义扩大是词义演变的主要方面。

历史、发展的原则二

第七章课后思考题：

1. 你认为陶渊明《桃花源记》中"落英缤纷"的"落"应作何解？

2. 请谈谈你对俞樾先生"有朋/自远/方来"断句的认识和理解。

本章参考文献

[1]《诗经句法研究》，杨合鸣，武汉大学出版社，1993年

［2］《〈诗经〉"谁适为容""谁适与谋"解》，汪维辉，《古汉语研究》2019 年第 4 期

［3］《"皋""罤（澤）"考辨》，潘牧天、潘悟云，《中国语文》2019 第 1 期

［4］《"逆靼"考——兼谈词语考释中的三个问题》，张文冠，《语文研究》2019 第 3 期

［5］《再释"冰矜"》，陶智、方一新，《中国语文》2019 第 2 期

［6］《〈吴越春秋〉"悉考绩""冠挂不顾"解》，胡敕瑞，《古汉语研究》2018 年第 2 期

［7］《重论〈诗经·墓门〉"讯"为"谇"之形讹——以文字讹混的时代性为视角》，蒋文，《中国语文》2019 年第 4 期

［8］《汉语史稿》，王力，中华书局，2004 年

［9］《从隐含到呈现（上）》，胡敕瑞，《语言学论丛》2005 年第 31 辑

第八章　训诂的原则(下)

学习目标：

掌握训诂的几个重要原则

本章继续讨论训诂的基本原则,特别是在训诂实践中应避免的一些弊病。

四　唯物的观点

所谓唯物的观点,就是说要重视语言的社会性,切忌随心所欲地解释词义。正如王力(2004)先生所说:"语言是社会的产物;词的意义是被社会制约着的。……如果某词只在一部书中具有某种意义,同时代的其他的书并不使用这种意义,那末这种意义是可怀疑的……如果我们所作的词义解释只在这一处讲得通,在别的书上再也找不到同样的意义,那末,这种解释一定是不合语言事实的。"比如:

《离骚》:"朝饮木兰之坠露兮,夕餐秋菊之落英。"其中落英的落字,与上句坠字相对,其为坠落义灼然无疑。但宋人出于好奇,竟提出落字应据《尔雅》训为始,直至近年来,还有人不断提出《离骚》"落"字当训为始的"新说"。其理由是"《离骚》中所提到的服饰饮食,都是为了表现诗人'余独好修以为恒'的思想品德的,他当然不会去吃那已经凋落了的菊花"云云。这个理由是难以令人信服的,何以"好修为恒",就不能吃"已经凋落了的菊花"? 清人蒋骥《山带阁注楚辞》说:"落字与上句坠字相应,强觅新解,殊觉欠安。"可谓一语中的。近人游国恩先生又指出:"我们不必问菊花是否会落,或者有落有不落;即使一切菊花都不落,而有现代物理学作根据,也不能说屈子的'落英'不许用'坠落'、'陨落'义。因为骚人下笔为文,兴之所至,决无暇想到格物的问题,更不会想到作文章非根据物理不可,他上文说'坠露',下文说'落英',就显然可见那落字并没有特别的意义。何况《离骚》一篇用落字的地方很多……凡四见,都是陨落的意义,不可作始字或其他意义解。"宋人"落英"为"始英"的说法值得商榷。

再比如,"蛾眉"一词本义为"蚕蛾之眉"。有"蛾眉"者美丽,故而又引申出了"美丽""美女"等义。因"蛾眉"多用以形容女性,所以字形又写作"娥眉","蛾眉、娥眉"可看作一对异形词。在长期使用中"娥"受感染而得"美"义、"眉"义。

"蛾眉"即"蚕蛾之眉",所用为本字本义;当时人所共知,不必加注。然而,清代以来学者陈奂、刘师培提出"蛾眉"当作"娥眉","娥"有美好之义,陈奂甚至认为"人眉似蚕角,其丑甚矣,安得云美哉?"王彤伟老师通过一次亲自饲养春蚕的经历,详细观察记录了蚕从卵籽孵化成幼蚕,直至吐丝结茧、破茧产卵的完整过程。待到蚕蛾破茧而出,不断梳理着细长的、弯弯的、整齐的眉角时,不禁有"纸上得来终觉浅"的感叹! 简言之,以陈奂、刘师培为代表的清人新说皆不能成立;以颜师古、朱熹之注为代表的"蚕蛾之眉"说的是对的,并非"望文生义"。详细情况同学们可以参考王彤伟《"蛾眉""出茧眉"的释义问题》(《古汉语研究》2019 年第 2 期)一文。

再看一例,西北汉简中原释作"皮宵"和"皮宵"的"宵""宵"字,其实是"冒"的误释,西北汉简守御器具中并不存在所谓"皮宵"这种器物。西北汉简中"宵"字从穴从目,构形明确。而"冒"字除从冃从目等以外,还有一种从"罒"或"罒"下简省一横的变体。由于"罒"简省一横之后常常和"穴"字写得相近,因此导致此种写法的"冒"常被误释为"宵"。上述原释作"冒"以及我们认为当改释为"冒"的几个字,形体并不完全相同,它们应当都是"冒"字的异体。

"皮冒"汉简又作"皮瞀","瞀"通"鍪",是古代战士的头盔,也称"鞮鍪""兜鍪"等。"草革"汉简又作"草辟",为草雨衣。汉简所见"鞮鍪"有革制的,也有铁制的。且常和"甲"并列一起,成套使用,而"甲"也有革制和铁制两种。"甲鞮鍪"每名戍卒配备一套。"皮冒""皮瞀"和"草革"亦搭配成套使用,这和"鞮鍪""铠甲"成套配置的情形类似。但将"冒""革""胄""甲"几个对等起来,恐怕不妥。"冒""革"每个亭隧配置一套,数量较少,也说明"皮瞀"和"鞮鍪"肯定有别。换言之，"皮冒"和"草革"搭配使用，各亭隧配备一套，为避雨的形状类似头盔的皮帽子和草编的雨衣。详细情况，同学们可以参看王锦城《释西北汉简中的"冒"——兼论"皮冒""草革"及相关词语》（《古汉语研究》2019 年第 1 期）一文。

唯物的观点

五　了解与所释作品相关的社会文化知识

这里，我们看几个例子。在《世说新语》等六朝小说中，常常可以看到"道"的一种用法，如《裴子语林》："庾公道王眉子：'非唯事事胜于人，布置须眉亦胜人，我辈皆出其辖下。'"《世说·赏誉》："简文道王怀祖：'才既不长，于荣利又不淡，直以真率少许，便足对人多多许。'"又《品藻》：'郗嘉宾道谢公：'造膝虽不深彻，而缠绵纶至。'"

这些"道"，从文意上看，应该是品评、评价义，和它的言、说的常用义不一样。自东汉以来，人物品评之风就开始流行，这和当时选拔官员的制度有关。与之相适应，一些原本只有说、谈义的词语"云""论""商略"等都产生了品评、鉴定义，"道"也是其中的一个。

再看一个例子：

北京图书馆所藏敦煌写本"成字 96 号"《目连救母变文》的背面有一件资料，上面有这样的文字：法律德荣唱紫罗鞋雨（这里"雨"字当是"两"字），得布伍伯捌拾尺，支本分一百五十尺，……僧政愿清唱绯绵绫被，得布壹仟伍伯贰拾尺……

一些研究者把这件资料看作一篇"唱曲账"，如任二北《敦煌曲初探》认为此文书说的是"唐僧唱曲得酬"，"紫罗鞋两"等是"咏物曲子"，并由此推断唐代已有与"讲唱""歌舞""戏曲"相对待的"清唱"。

这是一个误解。正如张永言先生（1975）所指出的："唐代和尚唱'咏物小曲'一事并无旁证，而所唱曲子名目'紫罗鞋两''绯绵绫被'等也不见于其他记载，同时，何以曲子所咏尽是衣着之物，也令人难以索解。"其实产生误解，关键在于对文书中"唱"字的理解是完全错误的。这个"唱"并非"唱歌"之"唱"，而是寺院特殊用语唱卖（衣物）的"唱"。

　　唐代寺院中盛行一种类似现在拍卖的"分卖"衣物制度,分卖的东西主要是施主们布施的和亡殁僧人留下的衣物。分卖时要高声叫出所卖物品的名目、数量、价格等,所以称之为"唱衣"。这个"唱"相当于今天选举时"唱票"的"唱"。

　　相关详细规定及情况,见于《释氏要览》卷下"唱衣"条、《百丈清规》卷3"唱衣"条、《百丈清规证义记》卷5"估唱"条,还有《禅苑清规》卷7"亡僧"条。另外,张永言先生的《关于一件唐代的"唱衣历"》一文,对这一问题作了比较深入、全面的论述,收入张永言先生的《语文学论集》(增补本),由语文出版社出版,同学们可以课后参看。

　　再看几例,比如《五灯会元》卷12《浮山法远禅师》:"所以道,肥边易得,瘦肚难求。"其中"肥边"一词,《辞海》、《辞源》(修订本)、《汉语大词典》等失收。滕志贤考释如下:

　　本例"肥边"与"瘦肚"对文,据文义,当即"肥便"之借。"肥便"者,大腹便便也。《后汉书·文苑传上·边韶》:"韶口辩,曾昼日假卧,弟子私嘲之曰:'边孝先,腹便便。懒读书,但欲眠。'""边""便"相谐,两字字音当相近。又《舜子变》:"愿夫莫令边耻。"《敦煌变文字义通释》"边耻"条谓"边耻"即"鞭笞"之通假,此亦"边""便"可通之有力佐证。……尚有把"肥边"释为"肥胖"者,把"所以道,肥边易得,瘦肚难求"释为"所以说,肥胖容易得,瘦肚就难得了"。

　　邱震强先生(2007)在此基础上认为,以上所说皆误。"肥边"应是一个词组,指围棋实战中所得的"厚实的边地",作为一个词组,"《汉语大词典》等失收"是很正常的。"肥边易得,瘦肚难求"是围棋界的常用语,指的是四边容易做活,容易圈地,而中腹难以做活,难以成空。围棋界素有"金角、银边、草包肚"的说法,指的是角容易活,一手棋即可,边次之,两手棋即可;中腹再次,四手棋也未必能活,所以走围棋的顺序,是先走四角,再走四边,然后才向中腹发展(当然,走角、走边都应瞄准中腹,但这需要较高的水平,所以说"瘦肚难求")。

　　宋·惠洪所撰的《禅林僧宝传》里记载:

初欧阳文忠公闻远奇逸,造其室,未有以异之。与客棋,远(浮山远禅师)坐其旁。文忠收局,请远因棋说法。乃鸣鼓升座曰:"若论此事,如两家著棋相似,何谓也?敌手知音,当机不让。若是缀五饶三,又通一路始得。有一般底,只解闭门作活,不会夺角冲关,硬节与虎口齐彰,局破后徒劳绰斡。所以道,肥边易得,瘦肚难求。思行则往往失黏,心粗而时时头撞。休夸国手,谩说神仙,赢局输筹即不问,且道黑白未分时,一著落在什么处?"良久曰:"从前十九路,迷悟几多人!"文忠嘉叹久之。

宋代是众国手争霸棋坛的时代,围棋是皇帝、臣子、文人墨客、普通百姓都喜爱的体育项目。欧阳修的棋相当不错,他自号"六一居士",六中之一便是围棋。欧阳修请浮山远禅师"因棋说法",浮山远禅师便把下棋的道理与佛法的道理巧妙地联系起来,因而说出"肥边易得,瘦肚难求"的话。浮山远禅师所说,都是一些浅显的围棋理论,围棋界人士一看便知,绝不会把"肥边"和"大腹便便"联系起来。关于这一问题,同学们可详参邱震强《〈五灯会元〉释词二则》(《中国语文》2007年第1期)一文。

再如:

有学者提出"宋代的文例中'比试'都用在学问竞技、科举考试的语境中,到明代以后方出现其他方面竞技较量的意思。可推测'比试'的早期意义为参加考试",王虎先生(2019)认为,这一论断恐怕与语言事实不合。据调查所见,"比试"宋代就有"其他方面竞技较量的意思","'比试'的早期意义为参加考试"表述也不准确。

"比试"在唐五代主要指考查,搭配的主语是主考官、考试科目等,不是有学者所言"参加考试"义。宋代,"比试"不仅用于考试的语境中,也用于其他方面较量,比如泉水、香、大弓等。宋葛立方《韵语阳秋》卷13:"二水清甘无比,尝以惠山泉比试,而惠泉翻不及。"宋陶谷《清异录》卷4:"中宗朝,宗纪韦武间为雅会,各携名香,比试优劣,名曰斗香。"宋李焘《续资治通鉴长编》卷340:"工部郎中范子奇言:'昨判军器监创造床子大弓二张,强于神臂弓、独辕弩,较之九牛弩尤为轻便……'诏工部、军器监、管军官同比试以闻。"显然,"比试"都是一般的"比较"之义。(王虎《"比试"补说》,中国语文 2019 年第 2 期)在笔者家乡山东青岛话里依然有此说法,"比一比"的意思,如"咱俩比试比试,看谁跑得快。""笔试"可用于任何场合的较量。

了解与所释作品
相关的社会
文化知识

第八章课后思考题:

1. 请从课外资料中寻找结合社会文化知识解决词义训释的实例。

2. 有学者提出《齐桓公伐楚》中"北海""南海"的"海"是现代方言中"这海""那海"的"海",即方位词,"里""边"的意思,"北海"就是"北边","南海"就是"南边",你如何看待这一说法?

本章参考文献

[1]《汉语史稿》,王力,中华书局,2004 年

[2]《山带阁注楚辞》,(清)蒋冀,上海古籍出版社,1984 年

[3]《楚辞论文集》,游国恩,古典文学出版社,1957 年

[4]《"蛾眉""出茧眉"的释义问题》,王彤伟,《古汉语研究》2019 年第 2 期

[5]《释西北汉简中的"冒"——兼论"皮冒""草草"及相关词语》,王锦城,《古汉语研究》2019 第 1 期

[6]《关于一件唐代的"唱衣历"》,张永言,《文物》1975 第 5 期

[7]《〈五灯会元〉释词二则》,邱震强,《中国语文》2007 年 1 期

[8]《"比试"补说》,王虎,《中国语文》2019 第 2 期

第九章　方俗语词研究(上)·原则

学习目标：

掌握方俗语词研究的基本原则

我们知道,在整个汉语史的研究中,关于词汇史的研究是最薄弱的环节,而在词汇史的研究中,方俗语词又是训诂学研究最为关注的。汉语史的全部词汇不仅仅存在于历代的雅言——即规范化的书面语中,还包括历代的口头语词,也就是方言、俗语这一类。方俗语词主要指的是汉魏六朝以来的方俗语词,前代学者对此已经做过一些研究,如翟灏的《通俗编》、钱大昕的《恒言录》、毛奇龄的《越语肯綮录》、胡文英的《吴下方言考》、梁同书的《直语补正》、郝懿行的《证俗文》,直至近人章太炎的《新方言》。因此,在参照前人诠释进行词语考释时,首先我们应做到继承并发扬当代或前辈学者的学术研究成果。

部分方俗语词著述书影

一　继承并发扬当代或前辈学者的学术研究成果

扬雄的《方言》是中国也是世界上第一部方言词典,对后世影响深远,出现了一批又一批的续补模仿之作。姜亮夫先生的《昭通方言疏证》即是其中的佼佼者。

一般人读这些方言著作,往往只从其中的方言俗语与汉民族共同语的关系角度来看,王锳先生则将其与近代汉语研究结合起来。王先生在《〈昭通方言疏证〉与近代词语考释》(《古籍整理研究学刊》2002 年第 6 期)一文中指出:"该书在进行纵向联系时,涉及大量的近代语词。这在此前的同类著作中是比较罕见的。"《疏证》丰富的方言训诂资料和结论,可帮助我们获得某些近代语词的确切解释,我们来看下面的例子:

《寒山诗》中有这样几句:"寒山有一宅,宅中无阑隔。六门左右通,堂中见天碧。房房虚索索,东壁打西壁。其中一物无,免被人来借。"

诗中"东壁打西壁"一句,成为后来禅宗的口头语,见于多种语录。但其中的"打"字十分费解。日本老一辈汉学家入矢义高译注云:"未详。《寒山诗索赜》中注为'十方无碍',但不知'打'字如何作解。"

日本《俗语言研究》第一、三期曾对此展开过讨论。胡从曾以为应读为"盯"或"瞪",也就是"瞠"字,徐时仪认为"已失去实义";滕志贤提出"疑或为'相对'之义";关长龙据东北辽东方言释"打"为"贴近"之"贴"。我们认为,以上种种说法都不免有猜测的成分。

下面来看《疏证·释词·释诂三》"打、合"条,这条是这样说的:"唐寒山诗:'东壁打西壁'。"宋丁渭诗:'赤洪厓打白洪厓。'元方回《航船歌》:'南姚村打白姚村。'杨慎记俗谚:'雾凇打雾凇。'打犹与也,及也。音如搭。昭人言我打你,与你也。打、搭同皆双声,故义亦通。"

也就是说,蒋先生依据昭通方言,指出"东壁打西壁"意即东壁与西壁,连上文是说每间房屋都空虚无物,仅东壁与西壁(其实也兼括南壁和北壁)而已,也就是我们通常所说的"家徒四壁"。

我们认为,这应该是对这宗聚讼公案较为合理的解释。

我们再来看一个案例：

《喻世明言》卷2《陈御史巧勘金钗钿》："梁尚宾听说，心中不忿，又见价钱相因，有些出息，放他不下。"

人民文学出版杜1958年许政扬注本将其中的"相因"解释为："相因，相当。"陆澹安《小说词语汇释》"相因"条解说也一样。

姜先生看法不同，《疏证·释词·释言四》"相因、相儴"条说："《尔雅》：'儴，因也。'忍将切。今昭人言物价不昂、合算曰相因。当即此字，因则语气词也。"按现代方言中的"相因"是否由古代的"儴"加词尾"因"而成，似尚可斟酌，但此词"言物价不昂、合算"之义却普遍存在于西南官话中。比如《成都话方言词典》说："相因：便宜。"《贵阳方言词典》也收录："相因：(价钱)便宜。"

再看一个例子，玄应《众经音义》收录了不少方俗语词，对此徐时仪先生多有所揭。他在《玄应〈众经音义〉方言俗语词考》(《汉语学报》2005年第1期)一文中列举了一些，比如3."噢咿"，方言：痛念之声也。(卷13噢咿)徐按：检今本《方言》无，赵城金藏和高丽藏未收此条。据《玄应音义》卷4释《大方便报恩经》第2卷噢噎："《埤苍》：噢咿，内悲也。谓痛悲之声也。"又卷5释《太子墓魄经》噢咿："《埤苍》：噢咿，内悲也。又痛悲之声也。"又卷7释《四童子经》上卷噢咿："于六反，下于祗反。《埤苍》：噢咿，内悲也。亦痛念之声也。"可知玄应所引出自《埤苍》，亦为当时方言。据《玉篇》载："噢，噢咿，内悲也。"噢咿，形容悲伤的样子。如吴康僧会译《六度集经》第2卷《波耶王经》："兆民路踊巷哭，或吐血者，或息绝而尸视者。彼王逮臣、武士，巨细靡不噢咿。"玄应所释则为吴支谦译《佛说太子瑞应本起经》卷上之文，原文为："王悲噢咿，涕泣交流。"

噢咻，亦谓痛悲之声，又作燠咻、燠休。《玉篇》："咻，噢咻，痛念之声也。"章炳麟《新方言》卷1《释词》说："今人呼痛曰燠休，休或呼如由，或转呼曰阿育，皆一语也。"检《广韵》噢、燠皆有于六切一音，影母屋韵，噢咿与噢咻音义相近。由"痛念之声"引申则有"抚慰体恤"义，如《左传·昭公三年》："民人痛疾，而或燠休之。"杜预注："燠休，痛念之声。"孔颖达疏引服虔引云："燠休，痛其痛而念之，若今时小儿痛，父母以口就之曰燠休，代其痛也。"杨伯峻注："《释文》引贾逵云：'燠，厚也。'休，赐也。"(见杨树达先生《积微居金文说》)此谓陈氏于民人之痛苦,因厚赐之。杜注:'燠休,痛念之声',服虔谓'燠休,痛其痛而念之;若今时小儿痛,父母以口就之曰燠休,代其痛也',皆不确。"据《左传》文意,谓其时陈氏抚慰体恤民人的痛苦,齐国将为陈氏所代,杨伯峻先生所注据贾逵所说"燠"有"厚"义和杨树达先生所说"休"有"赐"义而视"燠休"为两个词,释为"厚赐"亦可为一说,但杜预注和服虔所说也并非不确。就"燠休"一词的词义而言,似本为口语记音词,可写作"噢咻""噢咿"。因"燠"有"暖"和"使温暖"义,又写作"燠休"。杜预注所释为其本义,服虔所说为解释其在《左传》中的文意。

方俗语词研究的
原则一

二 注重考求近代语词的构词理据

姜先生的《疏证》特别注重考求本字,为我们指出了某些近代语词的构词理据。比如"打尖"这个词,清代初叶以来之白话小说常见。《汉语大词典》解释为:"在旅途或劳动中休息进食。"首引清福格《听雨丛谈·打尖》的解释:"今人行役于日中投店而饭,谓之打尖。"但何以"打尖"能表此义?却不得而知。《疏证·释词·释言五》对此进行了解释:"打尖,昭人谓旅途小憩为打尖。按《广雅·释诂三》,'蹵,止也。'俗以尖字为之。此言小憩止,因小休而饮食,故小食亦曰打尖矣。""打"在近代可作动词词头,置于动词"尖"之前而构成双音动词"打尖",表示"小憩"之义。这便使我们对以上疑问得到了满意的答案。

我们再看一个例子,金刻本《刘知远诸宫调》残卷,自上世纪初被发现以来,经过中外几代学者的共同努力,在文本校读方面成绩斐然,有内田道夫《校注刘知远诸宫调》(简称"内田本"), M. Doleželo-Velingerová, J. I. Crump 的 Ballad of the Hidden Dragon(Liu Chih-yüan chu-kung-tiao)(简称"英译本"),凌景埏、谢伯阳《诸宫调两种》(简称"凌谢本"),蓝立蕈《刘知远诸宫调校注》(简称"蓝本"),廖珣英《刘知远诸宫调校注》(简称"廖本")。但悬而未决之处仍不少,比如卷首所引古贤诗就是其中的一个问题。《知远走慕家庄沙佗村入舍第一》:"古贤有诗云:自从大驾去奔西,贵落深坑贱出泥。邑号尽封元亮牧,郡君却作庶人妻。扶犁黑手番成笏,食肉朱唇强吃荠。只有一般凭不得,南山依旧与云齐。"

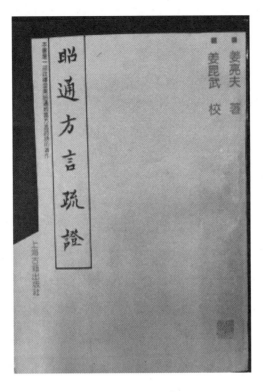

《邵通方言疏证》书影

　　围绕这首无名氏的七言律诗，存在着一系列的校释问题，向来少有人解释。所幸此诗有异文可以参考，可惜现有研究《刘知远诸宫调》的论著没有人提及。汪维辉、邵珠君撰写的《〈刘知远诸宫调〉所引古贤诗校释》（《中国语文》2018 年第 3 期）一文即引用异文材料，对其进行了校释。五代后蜀何光远《鉴诫录》卷一"金统事"条：

　　　　辛丑年，黄巢在京，尚让为相，改乾符之号为金统元年，见在百司，并令仍旧。忽一日，有人潜书七言四韵……其七言四韵诗曰："自从大驾去奔西，贵落深坑贱出泥。邑号尽封元谅母，郡君变作士和妻。扶犁黑手翻持笏，食肉朱唇却吃齑ㅣ。唯有一般平不得，南山依旧与天齐。"
　　　　……

　　颈联"食肉朱唇强吃荠"句，凌谢本、蓝本、廖本皆未出注，实有未妥。因为

117

"荠"在诗中是韵脚,跟"泥,妻,齐"押韵,依照格律须是平声齐韵字,而"荠"本身是个多音多义字,若按字面去理解,不是音不合,就是义不合:1)cí,《广韵》平声脂韵"疾资切",蒺藜,就是《诗·鄘风·墙有茨》的"茨"字,义不合,韵也不合;2)jǐ,《广韵》上声荠韵"徂礼切",就是荠菜的荠,意义虽然可以讲通,但声调不合;3)qí,荸荠的荠,义不合,《切韵》系韵书也未收此音义。《汉语大字典》和《汉语大词典》"荠"字条都收有另一个音义:jī,通"齑",细切的咸菜。音义皆合。所以"荠"也应据《鉴戒录》校作"齑"。不过这里的"齑"并不是"细切的咸菜",而是泛指腌菜、咸菜,周志锋先生(2012:72-75)对这个"齑"的形和义有过精当的考证,汪、邵两位引述周先生的观点。这个字最早写作齏,又可写作齋(齑)、齏、蘁等,其文献意义本指用酱醋拌和的切碎的腌菜,或指捣碎的姜蒜等,引申义有二:一是腌菜;一是细、碎。当腌菜讲,唐宋以来常见,且都是穷人吃的。有"齑"与"盐"并举的,有称"黄齑"的,见于文献的"黄齑白饭""淡饭黄齑"都指穷人吃的粗劣食物。宁波话至今仍管腌制的咸菜叫"咸齑"或"咸齑菜",有"家有咸齑,不吃淡饭"的俗语,就是古词古义的保留。随着"咸齑"改称为"咸菜","齑"的这个意义已经不为一般人所知,连《汉语大词典》的释义也有不少问题。我们认为周先生的说法是非常精准的,更多例子可参阅原文。内田本释"荠"为"蘁:つけもの",意为腌渍的咸菜,说得很对。英译本此句译为"Red lips, used to eating meat, must be content with salted leeks.""salted(盐腌的)"不错,"leeks(韭葱)"就不对了。《鉴诚录校注》云:"用醋、酱拌合,切成碎末之菜或肉。……蘁同'齑'。按,据文意,蘁盖泛指寻常百姓食物。"这个说解是比较妥帖的。关于这首诗的其他校读问题,可详细参考汪维辉、邵珠君撰写的《〈刘知远诸宫调〉所引古贤诗校释》(《中国语文》2018年第3期)一文。

方俗语词研究的
原则二

三　要对汉语词汇理论有一定的了解

进行俗语词研究工作,要对汉语词汇理论有一定的了解,比如"不良"一词在唐代文献中已见。如《朝野佥载》卷5:"觅婢不得,并失金银器物十余事。录奏,敕令长安、万年捉不良脊烂求贼,鼎沸三日不获。不良主帅魏昶有策略……不良往金城坊空宅,并搜之。"另外,还有"不良人""不良汉"等说法。清·梁章钜《称谓录》引《说铃续》:"缉事番役,在唐称为不良人,有不良帅主之,即汉之大谁何。"由此可知,唐代的这类主管侦缉逮捕的小吏,其官称应是"不良"或"不良人"。比如《旧唐书·杨慎矜传》:"先令卢铉收太府少卿张瑄于会昌驿,系而推之,瑄不肯答辩。铉百端拷讯不得,乃令不良枷瑄,以手力绊其足,以木按其足间。"《汉语大词典》收录"捉不良"、《唐五代语言研究》收录"不良脊烂"都是错误的,因为收的都是破词。而《唐五代语言研究》认为"不良"乃是"征用有恶迹者充任",应是望文生义,实际上并无文献的佐证。

俞理明先生在《"不良"和"响马"——兼论汉语词汇形式的缩略变化》一文中对此作了精辟的诠释,他指出,唐代刑侦司法吏役称"不良"来自于"捉不良脊烂",这是一种词汇形式的缩略变化,类似的例子还有"响马",俞先生指出明清以来拦路抢劫的匪盗称"响马"来自于"放响箭马贼",这两个词语的形成,都是缩略的结果。缩略是词语形式减损的变化,它是在意义不变的前提下,从原形式中选取部分形式代表整体,被选取的形式的字面意义可能与词语的意义发生冲突。

再看个例子,《五家正宗赞》卷2:"上堂曰:'若论此事:实不挂一元字脚。'便下座。"据王继如(2013)考证,禅籍"元字脚"源自"元和脚":

"元和脚"本指柳宗元的字迹,因为他在元和年间大有书名。宋以后因柳宗元书名湮灭而转指柳公权的字迹,引申指自然高妙的书法。但标榜既久,模仿者众,遂成流行之物。流行既广,理事既久,就成为陈词滥调的代名词。宋代禅籍中即用此成词滥调之义,而写作"元字脚","元"字取"元和"之义。

按照王先生的说法,是"元和脚"被写作了"元字脚",但问题是流行既广的"元和脚"为什么会被误写呢,禅籍中"元字脚"就是"元和脚"的陈词滥调之义吗?经调查发现,"元和脚"禅籍鲜用,仅明代《愚庵智及禅师语录》一例,卷八:"纵横笔阵元和脚,写出威音前一着。权实昭彰理事全,佛祖让雄甘小却。"该例"元和脚"是对书法的赞美,并非成词滥调。因而很难想象,禅籍鲜用的"元和脚"会被僧人误写并大为流行。细究禅籍用例,"元字脚"与"字脚"其实表义无异,均指语言文字,而并非陈词滥调。"字脚"早见于唐、北宋的禅籍：

(1)迁曰："兑是金位,字脚两垂,似于钗,象耳。"([唐]道宣《续高僧传》卷一八)

(2)又云："我于四十九年中不曾说一字,此是什么道理？若于诸人分上,著一字脚不得,为诸人各各有奇特事在。唤作奇特,早是不中也。"([北宋]道原《景德传灯录》卷三〇)

例(1)"字脚"指"兑"字头"丷","脚"尚有实义。而例(2)"一字脚"其实就是指一个字,与前文"一字"相呼应,"脚"字并无实义,在南宋的禅籍中也有类似的用法,如：

(3)瞿昙鼓动三寸舌,四十九年无法说。达磨不立一字脚,列派分枝无处著。既不立一字脚,列派分枝,从甚么处得来。([南宋]师明《续古尊宿语要》卷五)

"达摩不立一字脚"就是禅宗所谓的"达摩西来,不立文字","字脚"仍作"文字"解。相较于"字脚",禅籍"元字脚"始见偏晚,最早见于南宋禅籍,也是语言文字之义,袁宾、康健(2010:492)释之为"文字言句",甚确。例如：

(4)云门昔年虽曾亲近,要且不闻他说着个元字脚,所以今日作一分供养。(《大慧录》卷八)

(5)如上所解注者四料拣,尔诸人齐闻齐会了。临济之意,果如是乎？若只如是,临济宗旨岂到今日。尔诸人闻妙喜说得落,将谓止如此。我实向尔道,此是第一等恶口,若记着一个元字脚,便是生死根本也。(同上,卷一六)

例(4)"不闻他说着个元字脚"即不曾听闻他只言片语。例(5)"若记着一个元字脚"即如果记住"四料拣"的言辞,则便是生死之根本。

上举诸例,胸中之"字脚""元字脚"也均指心头的语言文字,胸中不着文字,也就是禅宗倡导的"不立文字",与"元和脚"之成词滥调义无涉。因此,我们认为,与其说"元字脚"是"元和脚"的误写,倒不如说是禅僧受流行既广的"元和脚"的影响,把禅林常用的"字脚"一词附会说成了"元字脚",但仅附其形而并未取其义。换言之,"元字脚"不妨视为禅林用语与世俗语言交融过程中变异的产物。关于这一问题,可详细参考王长林《禅宗文献字词札记》(《古汉语研究》2018 年第 1 期)一文。

方俗语词研究的
原则三

四　要具备一定的传统训诂学的功力

郭在贻先生曾经在《〈禅宗著作词语汇释〉序》中指出:"俗语词的研究,我认为必须具备四个程序,方能称得上是高层次的研究工作,这四个程序是:求证、溯源(包括穷流)、祛惑、通文。

所谓求证,就是从语言材料中寻找证据,有了确凿而又充分的证据,词义的考释才能立于不败之地……

所谓溯源,就是要从历史语言学的角度,搞清楚某一词语的来龙去脉及其所以得义之由(当然,由于种种原因,不可能每个词都做到这一点),这是一项最高级的工作,但也是最难的工作。

所谓祛惑,就是祛除前贤时人的某些误解谬见,给读者一个正确答案。

所谓通文,就是用你考释所得的结论,去畅通无阻地解释其他一些作品中的同类词语,做到如清儒王引之所说的'揆之本文而协,验之他卷而通'。"

曾良《敦煌文献字义通释》一书中的溯源工作就做得很好,值得我们学习。其中有"阿朵、骨卓、阿卓"条,十分有趣。曾先生指出,此三者均为兵器名,其共同特点是都有大蒜形或蒺藜形的头缀于顶端,如金瓜。而关于其得名之由,曾先生指出,"骨卓"盖是"骨朵"之音转,取"鼓起、凸起"之义,如疙瘩也是凸起的形状,故又称"骨都",如元无名氏《村乐堂》第 3 折:"开了牢门,则怕磕你一个骨都。"又饺子如大腹凸起,故称"餶飿",如《金瓶梅词话》第 2 回:"敢是卖馉饳的李三娘子儿?"这些词都是联绵词,不管其词义是指兵器还是疙瘩、食品,它们都有共同的特点,而这一特点也就是它们的词源。

再来看一个例子:

"忍俊不禁"是现代汉语中经常使用的书面语词之一,一般辞书径释为"忍不住笑"。

雷汉卿、王长林(2014:242)援引禅宗文献对"忍俊不禁"作了深入考察和研究,指出"忍俊不禁"是难以克制、忍不住的意思。文章首先比较了与"忍俊不禁"相似的表述"抑忍不禁""忍不住""忍俊不住""忍俊不能禁"等,其次又发现在禅宗文献中"路见不平"一词与"忍俊不禁"出现在相同的语境,属同义词。"忍俊不禁""路见不平"即克制不住、忍不住。并进一步认为"忍俊"义同"忍""抑忍",乃克制义,"忍俊"如同"抑忍",属于同义复合。

对此,雷汉卿、李家傲《"忍俊不禁"考辨》(《古汉语研究》2019 年第 3 期)一文通过对世俗文献和禅籍语料的进一步发掘,提出先前对"俊"的训释,实有不妥之处,试再作考辨如下。

《说文·人部》:"俊,材千人也。"泛指才能卓越以及才能超群之人。《左传·庄公十一年》:"得儁曰克。"孔颖达《正义》:"战胜其师,获得其军内之雄儁者,故云'得儁曰克'。"后世多有沿用,如上引《北史》"得隽小关",唐·刘知几《史通·申左》:"鲁侯御宋,得儁乘丘。""得俊曰克"意在突出俘获或杀死敌军中之才能超群者。小关之战,西魏宇文泰大败东魏悍将窦泰,并"尽俘其众,斩泰,传首长安"。"得儁乘丘"发生于鲁庄公十年,此战鲁国大胜齐、宋联军,于乘丘俘获宋大夫南宫长万。可见"得俊"为战胜敌军后获其才能超群之人,"俊"为其本义,并无"抵制敌寇"的含义。对此,辞书多有误解,如《字汇》《正字通》并谓"儁"有"胜"义,后者即引《左传》"得儁曰克"为证。《汉语大词典》"隽"字条引"得隽小关"例以证"隽"有"克敌"义,并误。

禅宗文献用例可进一步证明"忍俊"并非"抑忍",且"俊"并无"忍,抑"义。禅籍中"忍俊"除与"不禁""莫禁""不住"等相联属,表示"不能忍俊""忍俊不得"外,还可以作定语修饰后接的名词。如"忍俊韩獹(卢)":

（1）垂手还同万仞崖，正偏何必在安排？琉璃古殿照明月，忍俊韩獹空上阶。（《建中靖国续灯录》卷28《雪窦山重显明觉禅师颂古》，X78，P810）

（2）诸佛已出世，祖师既西来，支分派列，五叶联辉，浩浩谈玄，宗旨建立，为甚么翻成途辙？师云："铜沙锣里满盛油，忍俊韩卢空逐块。"（《神鼎云外泽禅师语录》卷4，J33，P272）

（3）不动尊兮提不起，拍手相将笑而矣。飞龙早已上青天，忍俊韩卢寻不已。（《迳庭宗禅师语录》卷2《颂古·慈明不动尊》，J40，P53）

韩獹（卢）为战国时期韩国名犬。例（1）盖谓韩獹上阶追赶月影；例（2）义同禅籍中常见的"韩獹逐块"一词，指韩獹误将土块当作食物去追逐；例（3）指飞龙已然升天而韩獹尚在追寻不止，三例喻指禅僧追逐无用的言语知解，难以契悟禅理、了悟自心。上揭诸例，"韩獹"前皆以"忍俊"加以修饰形容。若释"忍俊"为"忍抑"，则"忍抑韩獹"甚不可解。

我们认为，"俊"当为"忍"之对象，而非与"忍"同义。禅籍中多有"忍X不禁"的说法，其中"X"皆为"忍"之对象。如：

（4）北俱卢洲火发，烧着帝释眉毛。东海龙王忍痛不禁，轰一个霹雳。直得倾湫倒岳，云黯长空。（《嘉泰普灯录》卷4《真净云庵克文禅师》，X79，P314）

（5）师云："客情步步随人转。"进云："莫便是指踪学人处也？"师云："山僧忍笑不禁。"（《天岸升禅师语录》卷4，J26，P676）

（6）予愧久沉瘴海，忍苦不禁。禅道佛法束之高阁，安敢置身人前？（《寿昌无明和尚语录》卷2《题无明和尚真赞并引》，J25，P683）

诸列"忍痛不禁""忍笑不禁""忍苦不禁"等"忍X不禁"格式中，"X"均为"忍"的具体内容。同理，"俊"亦当为"忍"之内容。

那么"俊"到底为何义呢？禅宗僧徒及世俗文人的诗文或许能够提供线索。试看如下例子：

(7)霜藤忍俊自相扶,勾引春风啼鹧鸪。一片韶华闲玩弄,孰能有也孰能无?(《天界觉浪盛禅师语录》卷11《自题》,J25,P746)

(8)迎凉窗楄太轻空,半掩萆池尚怯风。独有忍冬难忍隽,时吹清馥透帘栊。(清黄钺《壹斋集》卷20《病中杂诗》之三)

(9)日光闪烁四时雪,风力盘旋万朵云。却笑山灵难忍隽,故将文石惹樵斤。(清王文治《梦楼诗集》卷9《点苍山二首》之二)

细味诸诗,"忍俊(隽)"皆指"霜藤"等忍耐或控制不住自己秀美的姿容、出色的能力等,不得已展露出来。例(7)指霜藤努力抑忍自己的才色,但还是因为过于"俊"勾引起"春风啼鹧鸪";例(8)冬日凉风萧瑟,惟有忍冬花不耐寂寞,忍不住将自己的独特魅力展现出来,故"时吹清馥透帘栊";例(9)山灵控制不住自己的聪明才智,故意将山石点染文理,栩栩然如同真的树木一样,惹得樵夫误以为真。要之,"俊"当为一种出众的姿色、特长或才智,简言之即才能、本领。上文所举"忍俊韩獹"亦当指抑忍绝异之才能而不外露的名犬。关于"忍俊不禁"的相关问题,同学们可以详参雷汉卿、李家傲《"忍俊不禁"考辨》(《古汉语研究》2019年第3期)一文。

方俗语词研究的
原则四

五　要从词汇史的角度展开

以俗语词为研究中心的疑难词考释,表面上看来似乎不是训诂的内容,但实际上,"无论怎样'俗'的一个字,只要它在社会上占了势力,也值得我们追求它的历史。……我们对于每一个语义,都应该研究它在何时产生,何时死亡。"蒋礼鸿先生的《敦煌变文字义通释》一书为我们做了很好的榜样,该书"运用历史发展的观点研究语言现象,它并不满足于对变文中的疑难词语作孤立的、静态的诠释,还力求找出它们的来龙去脉,进而把语词的断代研究纳入词汇史和语言学史范畴。……为汉语词汇史研究提供了丰富的材料。"换句话说，"一个完整的词汇史，既需要对常用词作细致的描写和研究，也需要对以'俗语词'为中心的其他口语词汇作全面研究，缺一不可。"

我们看两个溯源探流的例子：

例一

我们都知道东北方言中有一个"嘚瑟"，江蓝生先生对叠韵联绵词"蹀躞"的语音、语义演变进行了历史考察，认为东北方言词"嘚瑟"（义为"得意、显摆"和"胡乱花钱"）的源头就是"蹀躞"。从"蹀躞"到"嘚瑟"形音义的纵向发展变化，可以发现它们有着一脉相沿的历史渊源。那么"蹀躞"的"得意、显摆"义又是如何产生的呢？江先生从跟"哆嗦"词义有交集的"抖"类词的引申义进行探究，提出应该是相因生义的结果。具体而言，从各类文献可以看出，"抖、抖搂、抖擞"等"抖"类词共同的核心义是"抖动、振动"，由此引申出"振作"义，又由"振作"义引申出"得意、显摆"义。与此并行，又从"抖落、抖掉"引申出"胡乱花费"义。"蹀躞"系词语的核心义为"颠动、颤动"，这个意义跟"抖"类词相通，因而能够相因生义，获得"抖"类词的一些引申义。"嘚瑟"由平声变为去声，是从形式上对原有义（哆嗦）与类推义（"得意、显摆"和"胡乱花费（钱财）"）加以区别。详细情况，同学们可以参考江蓝生先生《说"蹀躞"与"嘚瑟"》（《方言》2011年第1期）一文。

例二

词是音义的结合体，在没有专造的汉字记录以前，汉语中的词是一定的意义依赖一定的语音形式存在的。西汉扬雄的《方言》收录了不少先秦和汉代的方言、口语词，由于当时使用尚不广泛故未有专门记录它们的固定形体（汉字），扬雄只是用音同音近的汉字来记录的。董志翘先生以《方言》中的"鼎""支注"两词为例，说明我们在进行汉语词汇史研究，追寻某些词语的产生年代，考释某些词语的意义时，必须不为字形所左右，而是要靠"耳治"，方能较为接近地找到它们的源头，得到确解。这里我们一起来看其中"鼎"这一例：

停船时沉入水底用以稳定船身的石块或系船的石礅称为"dìng"，字写作"矴"，较早的用例是《三国志·吴志·董袭传》："（黄祖）横两蒙冲，挟守沔口，以枰间大缞系石为矴。"后世也用,《新唐书·杨瑒传》:"(杨瑒)在官清白,吏请立石纪德,瑒曰:'事益于人,书名史氏足矣,若碑颂者,徒遗后人作矴石耳。'"字又作"碇",出现时代稍后,如唐韩愈《唐正议大夫尚书左丞孔公墓志铭》:"蕃舶之至泊步,有下碇之税。"马其昶注:"碇,锤舟石,与矴同。"权德舆《祗役江西路上以诗代书寄内》诗:"下碇夜已深,上碕波不驻。"李商隐《赠刘司户蕡》诗:"江风扬浪动云根,重碇危樯白日昏。"《玉篇·石部》:"矴,丁定切,矴石。"《集韵》去声四六"径"韵:"矴、碇、磸,丁定切,锤舟石也。或从定、从奠。"无论是字书、韵书的记载,还是从实际用例来看,似乎是中古以后才产生的一个新词。其实,在西汉扬雄的《方言》中,这个词早已出现,不过字写作"鼎"而已。《方言》卷9:"舟,自关而西谓之船,自关而东或谓之舟,或谓之航。……楫谓之桡,或谓之櫂。所以隐櫂谓之桨。所以县櫂谓之缉。所以刺船谓之篙。维之谓之鼎。首谓之閤闾,或谓之艨艏。后曰舳,舳,制水也。……"其中"维之谓之鼎"之"鼎",即"矴、碇"之义。"鼎"上古"端"母"耕"韵,"矴"为"丁定切",上古也是"端"母"耕"韵,两字同音,所记当为一词。关于这一问题,同学们可以详细参考董志翘先生《扬雄〈方言〉与中古、近代汉语词语溯源二例》(《语文研究》2005年第4期)一文。

方俗语词研究的
原则五

第九章课后思考题:

1.请结合姜亮夫先生《昭通方言疏证》中"打尖"一词的相关释义,谈谈你对该词构词理据的理解。

2.请结合江蓝生先生《说"蹀躞"与"嘚瑟"》一文,谈谈你对"嘚瑟"一词语源的认识与理解。

本章参考文献

[1]《昭通方言疏证》,姜亮夫,上海古籍出版社,1988年

[2]《〈昭通方言疏证〉与近代词语考释》,王锳,《汉语史学报》2003年第3辑

[3]《玄应〈众经音义〉方言俗语词考》,徐时仪,《汉语学报》2005 年第 1 期

[4]《〈刘知远诸宫调〉所引古贤诗校释》,汪维辉、邵珠君,《中国语文》2018 年第 3 期

[5]《周志锋解说宁波话》,周志锋,语文出版社,2012 年

[6]《"不良"和"响马"——兼论汉语词汇形式的缩略变化》,俞理明,《乐山师范学院学报》2003 年第 8 期

[7]《释"元字脚"答宗舜法师问》,王继如,《中国训诂学报》2013 年第 1 期

[8]《禅宗文献字词札记》,王长林,《古汉语研究》2018 年第 1 期

[9]《〈禅宗著作词语汇释〉序》,郭在贻,《杭州大学学报》(哲学社会科学版)1988 年第 2 期

[10]《敦煌文献字义通释》,曾良,厦门大学出版社,2001 年

[11]《禅宗文献语言论考》,雷汉卿、王长林,上海教育出版社,2018 年

[12]《"忍俊不禁"考辨》,雷汉卿、李家傲,《古汉语研究》2019 年第 3 期

[13]《敦煌变文字义通释》,蒋礼鸿,浙江大学出版社,2016 年

[14]《说"蹀躞"与"嗢瑟"》,江蓝生,《方言》2011 第 1 期

[15]《扬雄〈方言〉与中古、近代汉语词语溯源二例》,董志翘,《语文研究》2005 年第 4 期

第十章　方俗语词研究(下)·考释方法

学习目标：

　　1.掌握方俗语词考释的常用方法

　　2.了解方俗语词考释的经典著书

　　中古近代词语的考释工作有两个主要的任务:一是确定词义,二是说明理据。要完成这两个任务,有一些具体的方法,郭在贻(2005)先生谈过七种,我们按郭先生的归纳,略作调整,主要包括以下六种方法:

1.认字辨音　　　2.排比用例

3.参证方言　　　4.参照旧注

5.因声求义　　　6.推求语源

下面我们分别来看:

一　认字辨音

　　中古近代汉语文献特别是俗文献中有许多俗别字和音借字,在今天看来很陌生,这就需要先认字,字认对了,意思也就懂了。辨音也是为了认字,即找到"本字"。比如《管子·霸言》:"故贵为天子,富有天下,而伐不谓贪者,其大计存也。"唐尹知章注:"得地均分,可以臣彼,地自利彼,于我何贪,此其大计也。"王念孙校注:"如尹注,则'伐'字当为'我'字之讹。'我不谓贪',我不为贪也。"

　　前面"故"字说明这几句话是第三方总结性的话语,将"伐"改为"我"字,又变为第一人称,前后叙述语气明显有冲突。郭在贻、张涌泉两位先生《俗字研究与古籍整理》(1999)一文认为,王念孙的说法未必准确。其实,"伐"字当作

"代"字，"代"字为"世"的避讳用字，因为到唐代时避太宗讳，"世"字多改作"代"。"代"字俗书与"伐"字形近相乱。敦煌写本中"代"字及"代"旁往往赘撇作"伐"，这种例子不少，比如：

伯 3418 号《王梵志诗·朝庭来相过》："义故及三伐，死活相凭托。"其实应该是"义故及三代，死活相凭托。"

伯 3211 号《王梵志诗·人生一代间》："人生一伐间，贫富不觉老。"应该是"人生一代间，贫富不觉老。"

因此，《管子》中"伐不谓贪"当作"代不谓贪"，也就是"世不谓贪"，整句话的意思是说："因此，贵为天子，富有天下，整个天下都是你的，但是世人却不认为你贪心，治国大计就在于此。"和王梵志诗的两个例子的字形讹变轨迹是一样的。

《王梵志诗校注》书影

再来看一个"认字辨音"的例子，禅籍中有"看楼打楼"的说法，如：

(1)外道因邪打正，世尊看楼打楼。（《圆悟佛果禅师语录》卷十七）

(2)拈头作尾则易，看楼打楼则难。（《宗鉴法林》卷二十六）

(3)问："古人拈起拄杖，意旨如何？"师云："看楼打楼。"（《古尊宿语录》卷三十九《智门光祚禅师语录》）

（4）遵曰："莫便是和尚家风也无？"师曰："耕夫制玉漏，不是行家作。"（《拈八方珠玉集》中）

"看楼打楼"，日本禅籍俗语言研究会编、禅文化研究所发行的《俗语言研究》第三期（1996）中将其列为"待质事项"之一。

对此，詹绪左、周正《禅籍疑难词语考四则》（《古汉语研究》2017 年第 2 期）一文指出，其实这条谚语禅籍中有解，只是需要在语义、语形等方面加以完善和补充。例（4）中的"玉漏"，《祖庭事苑》卷 7 释云：

（5）当作"玉耧"，谓耧犁也。耧人用耧，所以布子种。禅录所谓看楼打楼，正谓是也。《魏略》曰：皇甫阴为燉煌太守，民不晓耕种，因教民作耧犁，省力过半。然耧乃陆种之具，南人多不识之，故详出焉。音楼。

例（4）始见于《景德传灯录》卷 16《洛京韶山寰普禅师》章，大正藏本有夹注，即引《祖庭事苑》的解释，只是"看楼打楼"录作"看缕打楼"。由此可以知道，"看楼打楼"的"楼"是个借字，本字当作"耧"，"南人多不识之"，故《祖庭事苑》"详出焉"。类似的假借可以在佛典中找到确证。

此引二例：

（6）学作盆盂、耧犁、车乘、辇舆如是种种木师技术，汝应学。（大正藏本《十诵律》卷 9《明九十波夜提法之一》后秦弗若多罗译）

（7）营作犁耧奴婢等，钱财、谷麦、仓库、贮积等事。（大正藏本《佛说大乘十法经》梁僧伽婆罗译）

例（6）中的"耧"，宋、元、宫本作"楼"。例（7）中的"犁耧"，宋、元本作"利楼"、宫本作"犁楼"，明本作"梨楼"。

其本字既明，再来看意义。所谓"耧"，亦即犁耧、耧犁、耧车，是一种畜力条播机。由牲畜牵引，后有人扶，可同时完成开沟和下种两项工作，有"省力过半"之效。"打"则有制作、仿造之义。"看耧打耧"就是说根据耧犁开沟的情况来择机下种，禅籍中遂借此农谚来喻指传授禅法时的随机应变。例（1）"世尊看耧打耧"正是赞他善于随机应变，例（3）"古人拈起拄杖"也正是传授禅法时随机应变的一种作略。另外，禅录中"看耧打耧"常与"随波逐浪"（《续刊古尊宿语要集》第二《妙湛慧和尚语》）、"相头买帽"（《大宋无明慧性禅师语录》）、"量才补职"（《正法眼藏》卷 3 之下）等配合使用，也可见出其意当指禅法传授时的随机应变。《五灯全书》卷 78《宜兴芙蓉自闲觉禅师》："犹是应机接物，相耧打耧。""应机接物"差不多等于解释了"相耧打耧"。这是一种高超的施教作略，所以例（2）中说"拈头作尾则易，看耧打耧则难"。再看下面一例：

（8）自此将错就错，相篓打篓，遂有五叶芬芳，千灯续焰。（《五灯会元》卷 19《安吉州上方日益禅师》）

例中"相篓打篓"，《建中靖国续灯录》卷 20、《五灯全书》卷 41 分别录作"相楼打篓"和"相楼打楼"，可见其异形多多。详情请参阅詹绪左、周正《禅籍疑难词语考四则》（《古汉语研究》2017 年第 2 期）一文。

认字辨音

再看一例，前面讲到的《刘知远诸宫调》中有这么一首古诗，即《知远走慕家庄沙佗村入舍第一》："古贤有诗云：自从大驾去奔西，贵落深坑贱出泥。邑号尽封元亮牧，郡君却作庶人妻。扶犁黑手番成笏，食肉朱唇强吃荠。只有一般凭不得，南山依旧与云齐。"

这首无名氏的七言律诗，存在着一系列的校释问题，向来未得其解。汪维辉、邵珠君撰写的《〈刘知远诸宫调〉所引古贤诗校释》（《中国语文》2018 年第 3 期）一文通过异文材料，解决了一些，前面讲述了"荠"的音义问题，这里再看下"只有一般凭不得"的"凭不得"应作何解。

五代后蜀何光远《鉴诫录》卷 1"金统事"条：

辛丑年,黄巢在京,尚让为相,改乾符之号为金统元年,见在百司,并令仍旧。忽一日,有人潜书七言四韵……其七言四韵诗曰:"自从大驾去奔西,贵落深坑贱出泥。邑号尽封元谅母,郡君变作士和妻。扶犁黑手翻持笏,食肉朱唇却吃斋。唯有一般平不得,南山依旧与天齐。"……

内田本认为"凭不得"是"靠不住",蒋礼鸿(1965)云:"'凭不得'即'凭得',意思是说世事翻复,只有南山依然不变。……本书'不'字不作否定词的屡见,内田校注已多处指出。"英译本译为:"One thing only could not be changed. (只有一件事是不可能改变的。)"凌谢本注:"即'凭得'。"蓝本注:"即凭得。'不'字无义。参看《敦煌变文字义通释》第6篇'不'。这两句话是说,世事多变,只有南山依然如故。"廖本注:"谓只有一样不能侵扰。一般,一种、一样。凭,侵扰、欺凌。"江蓝生(1999)云:"末后两句大意,蓝本云是指'世事多变,只有南山依然如故',所说甚是。但从蒋礼鸿先生说,注云:'凭不得,即凭得。"不"字无义。'似可商。廖本把'凭'释为侵扰、欺凌,云'只有一样不能侵扰',则也觉牵强,于文义不甚贴合。""今谓'凭不得'义为'比不得','凭'为'匹'(pǐ)的方言变读音。"汪、邵两位认为以上诸说皆欠妥,应依《鉴戒录》作"平不得"。黄巢起义的两位重要人物王仙芝、黄巢都曾以"平均""均平"为口号,诗的中间两联就是对"贵落深坑贱出泥"的所谓"均平"现象的讥刺。可详细参考汪维辉、邵珠君撰写的《〈刘知远诸宫调〉所引古贤诗校释》(《中国语文》2018年第3期)一文。

二 排比用例

所谓排比用例,就是把出现同样用法的词语例证收集起来,排比、归纳出这个词语的意思和用法。著名语言学家黎锦熙先生在《新著国语文法》序中说过,"例不十,法不立",这虽然说的是语法研究,但同样适应训诂研究。如果掌握了足够的例证,就可以对一个词、一种语法现象作出切当而有说服力的解释。其实,之前我们讲过一个"排比用例法"的例子,那就是:

《诗经·邶风·终风》:"终风且暴,顾我则笑。"

毛传："终日风为终风。"

《韩诗》："终风,西风也。"

王念孙认为这两家的解释"皆缘词生训,非经文本义。终犹既也,言既风且暴也"。王引之也提出:"经典之文,字各有义;而字之为语词(即虚词)者则无意可言,但以足句耳。语词而以实词解之,则扞格难通。"

二王父子凭什么判定"终"应该是一个虚词,相当于现在的连词"既"呢?我们认为,他们运用的就是排比用例法,因为他们发现《诗经》里除了"终风且暴"这个例子之外,还有很多"终……且……"的例子,比如:

《邶风·燕燕》："终温且惠,淑慎其身。"

《邶风·北门》："终窭且贫,莫知我艰。"

《小雅·伐木》："神之听之,终和且平。"

《小雅·甫田》："禾易长亩,终善且有。"

对于《诗·邶风·北门》"终窭且贫,莫知我艰"一句,毛传："窭者,无礼也;贫者,困于财。"陆德明释文："谓贫无可为礼。"也就是说,"窭"和"贫"词义相近,前者更侧重于没有钱来置办礼物的意思。

可见,二王父子正是通过排比众多结构、用词差不多的例句,从中归纳出"终"的确切含义和用法。我们接着来看一个近代汉语"排比用例"的例子。

辛弃疾《清平乐》："茅檐低小,溪上青青草。醉里吴音相媚好,白发谁家翁媪。　　大儿锄豆溪东,中儿正织鸡笼。最喜小儿无赖,溪头卧剥莲蓬。"

有注释说:"无赖,这里是顽皮的意思。"

我们认为这个解释值得商榷。其实唐宋诗词中有不少"无赖"的用例,比如:

杨巨源《与李文仲秀才同赋泛酒花诗》："若道春无赖,飞花合逐风。"

徐凝《忆扬州》："天下三分明月夜,二分无赖是扬州。"

李商隐《二月二日》："花须柳眼各无赖,紫蝶黄蜂俱有情。"

段成式《折杨柳七首》："长恨早梅无赖极,先将春色出前林。"

辛弃疾《浣溪沙》："啼鸟有时能劝客,小桃无赖已撩人。"

从上面例句我们可以大致归纳出,"无赖"有似憎而实爱、含亲昵的意思。

《清平乐》"无赖"二字,实际上也有可爱的意思。

讲到近代汉语方俗语词的考释,张相的《诗词曲语辞汇释》就大量运用了排比归纳法。在每一个词条下,大量罗列例子,排比归纳,更有说服力。例如:

1. 释"本"字

本,犹这也;那也;该也。与用作自称用者异。

关汉卿《拜月亭》剧:您孩儿无挨靠,没倚仗,深得他本人将傍。

他本人,犹云他这人或他那人。

又:父亲息怒,容瑞兰一步。分付他本人三两句言语呵。喈便行波。

又:你不知我兵火中,多得他本人气力来,我已此上忘不了他。

三十种本《单刀会》剧:自襄阳会罢,与刘皇叔相见,本人有高皇之气。

按剧情,此司马徽语,本人指刘皇叔,义均同上。

《北词广正谱》十四,马致远小令,《水仙子》:因缘事不退,重相见学取本情意。

学犹说也,见学字条。言诉说着这情意也。

《贬黄州》剧一:独翰林学士苏轼,十分与我不合,昨日上疏说我奸邪……且本官志大言浮,离经畔道,见新法之行,往往形诸吟咏。

官,即指翰林学士;本官,犹云该翰林院学士苏轼。

又:臣见得学士苏轼忠心为国,……伏望圣明收回成命,复本官之职。

凡云本官,犹云该官也。

又:朕亦惜尔之才,赦尔无罪,谪黄州团练副使,本州安置。

本州,犹云该州也。

2. 释"全"字

全,甚辞。

杜甫《南邻》诗:锦里先生乌角巾,园收芋栗未全贫。

不全贫,犹云非甚贫。

又《后游》诗:客愁全为减,舍此复何之。

全为减,犹云大为减也。

元稹《和乐天题王家亭子》诗:都大资人无暇日,泛池全少买池多。

言游池之机会甚少也。

苏轼《满庭芳》词：亲曾见，全胜宋玉，想像赋高唐。

全胜，犹云远胜也。

袁去华《红林擒近》词：调冰荐饮，全胜河朔飞觞。

张镃《谒金门》词，《赏梅》：雪后偏怜香猛处，全胜开半树。

义均同上。

又《清平乐》词：山居未觉全贫，园收今岁轮囷。

义见前杜诗。

《阳春白雪》五，黄澹翁《瑞鹤仙》词：任相如多病，沈郎全瘦，都没音尘寄问。

全瘦，犹云甚瘦也。

排比归纳法的例子很多，兹不赘举。归纳法是一种不完全归纳，也就是说，运用排比归纳法来考证汉语词语在方法论上不可避免地存在一定的局限性。进行排比归纳时，会受到材料的局限，但若能结合多种传统的训诂学知识来溯源，进而探求词义，这样将能有效弥补其局限性。

排比归纳

三　参证方言

中古近代汉语的许多词还保留在各地方言中，因此用活方言来印证文献中的词语，是一种科学的方法。罗常培在《金元戏曲方言考序》中说："金元戏曲中之方言俗语，今日流行于民间者尚多，惟董理无人，索解匪易。"参证方言是中古近代汉语词语考释中经常用到的一种方法。我们来看例子：

《王梵志诗》317 首："梵志翻着袜，人皆道是错。乍可刺你眼，不可隐我脚。"

对于其中的"乍可"，胡适先生曾经做过研究，他在《白话文学史》中说："王梵志的诗，敦煌所出有几个残卷。此诗不在敦煌卷子里。依我的考据，它的年代约在初唐。'乍可'是唐人常用的话，意思等于今天说的'宁可'，例如高适的《封丘县》诗——我本渔樵孟诸野，一生自是悠悠者。乍可狂歌草泽中，宁堪作吏风尘下？”

那么，其中的"隐"字是什么意思呢？其实"隐"犹北京话的"硌"，就是"触着凸起的东西觉得不舒服或受到损伤"。这个用法在唐宋文献中比较多见，比如：

皇甫湜《石佛谷》："土僧何为者，老草毛发白。寝处容身龛，足膝隐成迹。"

《宋朝事实类苑》卷 65 引《倦游录》讲了曹琰吃饭时被砂粒硌掉牙齿的故事，原话是这样说的："曹琰郎中，滑稽之雄者。一日因食落一牙，戏作诗曰：'昨朝饭里有粗砂，隐落翁翁一个牙。为报妻儿莫惆怅，见存足以养浑家。'"

宋范镇《东斋记事》卷 4："又有赵昌者，汉州人，善画花。每晨朝露下时，绕栏槛谛玩，手中调采色写之，自号'写生赵昌'。人谓赵昌画染成，不布采色。验之者以手扪摸，不为采色所隐，乃真赵昌画也。"就是说，赵昌的画作有一个特点，颜料调制得非常均匀，摸上去不会硌手。

另外，明李实《蜀语》也收录了这个方言词，他说："有所碍曰隐。○隐，恩上声。《中朝故事》：异人王鲔赠宣州推事官一小囊，中如弹丸，令长结身边。昼寝，为弹丸所隐，胁下极痛。起就外视之，屋梁落，碎榻矣。"这个"隐"字还保存在现代成都方言中，如硌脚叫"隐脚"，硌牙齿叫"隐牙巴"。我们再来看一个方言佐证的例子：

《水浒传》61 回说卢俊义"夜来算了一命"，何心先生《水浒研究》一书中，第 19 章专门评述"水浒传的错误"，指出：据上文，"吴用替卢俊义算命，明明是白天不是晚上"，因此上下文不符。其实《水浒传》写得没错，错在我们不理解"夜来"不是"夜里"，而是"昨天"的意思。这种用法在宋元作品中例子不少，这个词在现在河北、山东、山西地区还在流行。

我们再看一个参照方言解决近代文献中方俗语词的例子，《越谚》卷上有一句"挑一担鸢，觖一头会"，点注本无注，标点为："挑一担，鸢觖一头会。"周志锋先生（2011）指出，此谚上下诸条皆前后四字为句，本条自不应作三、五读。更何况，如此断句，文不成义，当作"挑一担鸢，觖一头会"。"鸢"即勿会（见卷下"两字并音"）。"觖"字卷下"单辞只义"释曰："觖，（音）'掘'。牛以角触人。"考《广韵·薛韵》："觖，角触。"纪劣切。音与"掘"（群母字）不合。吴语读"掘"

而当"牛以角触人"讲的本字应作"觖"，《说文·角部》："觖，角有所触发也。"
《广韵·月韵》："觖，以角发物。"其月切。但是，即便用"毄"的"掘"音、"牛以角
触人"义来解释"毄一头会"的"毄"，还是讲不通。此"毄"用同"掇"（吴语音同
"搭"）。吴语、冀鲁官话、胶辽官话、中原官话、晋语、西南官话等称双手拿、端、
搬为"掇"（《汉语方言大词典》5392页、《现代汉语方言大词典》3594页）。"掇"
本从"手"，范寅易为从"角"者，犹"扛"本从"手"，俗体也可从"角"作"𧤖"，唐颜
师古《匡谬正俗》卷6："或问曰：'吴楚之俗谓相对举物为刚。有旧语否？'答曰：
'扛，举也。音江。字或作𧤖。'""掴"本从"手"，俗体也可从"角"作"觕"，《玉篇
·角部》："觕，古获切。今作掴。"谚语字面意思为：不能挑一担，而会拿担子一
头的东西。虽然"一头"的分量比"一担"少了一半，其实拿一
头的东西比挑一担更加费力，因而此谚有讥人愚笨，不知变
通的意思。详细可参考周志锋先生《〈越谚〉方俗字词选释》
（《中国语文》2011年第5期）一文。

参证方言

四　参照旧注

中古以来在一些研究俗语词的专书、字书、韵书、音义书、注释以及笔记杂
著中，有不少对近代汉语词语的诠释，这是同时人或稍后时代的人所作的解
释，一般来说比较可靠。在考释中古近代汉语词语时，参照旧注不失为一种行
之有效的方法。我们来看例子：

《孔雀东南飞》中有一句"说有兰家女，承籍有宦官"，教材注释说："意思是
有兰家之女，出生于做官人家，可配太守之子，而自己的女儿出身微贱，不能相
配。"这个"兰家女"的解释似乎并不能让人满意。后来，徐复先生发现了一条
旧注，才算把这个问题解决了。他说："《列子·说符》中记载：'宋有兰子者，以
技干宋元，宋元召而使见其技，以双枝长倍其身，属其胫，并趋并驰，弄七剑，迭
而跃之，五剑常在空中。元君大惊，立赐金帛。又有兰子又能燕戏者，闻之，复
以干元君，元君大怒。……张湛注说：'应劭曰："兰，妄也。"此所为兰子者，以
技妄游者也。……凡人物不知生出者谓之"兰"也。'就是说，所谓'兰子'，是一
种虚拟的说法，相当于'某家的孩子'。以此释彼，'兰家女'不就是'某人家的

女儿'吗？这样,原诗就很好理解了。"

再比如,"见来"是古代的一个俗语词,在古诗文作品中时可得见。宋人张邦基《墨庄漫录》卷 2 有云:"……杜子美诗云:'锁石滕梢元自落,倚天松骨见来枯。'……"《汉语大词典》"见来"条:"犹真的,真个。唐杜甫《寒雨朝行视园树》诗:'锁石藤梢元自落,倚天松骨见来枯。'"曹海东先生(2009)提出,"见来"当解为"本来"或"向来"。

曹先生依据相关故训资料认为,上述"见来"一词具有指示时间的功能,表示从过去到如今总是如此。如对上述杜诗二句,宋郭知达撰《九家集注杜诗》卷 30 引赵彦材云:"'元自'、'见来'之语,皆言其久远如此矣。"赵彦材是北宋末年的学者兼诗人,以注杜诗驰名,无疑谙晓唐宋时期的语言,故其称"见来"之语是"言其久远如此",当可依信。而其所谓"久远如此"之意,以今语"本来"或"向来"赅之,应是最为恰切。揆诸上引赵氏之注,又知"见来"之义同于"元自"。然"元自"之义训,学人已有定说,即为"本来、向来"。清胡鸣玉《订讹杂录》卷 4 "元"条云:"古人诗文中,'本来'义无一作'原'者。偶阅杜诗,拈出一二处为证:'鬓毛元自白,泪点向来垂。'……其余不可殚述也。"《汉语大词典》"元自"条亦云:"犹言本来。"故"见来"比照"元自",理当释作"本来"或"向来"。详细可参考曹海东《也释"见来"》(《中国语文》2009 年第 6 期)一文。

利用前人对词语的诠释还有一种方法,有人称之为"反推"。即利用唐宋以前的古注,来考证唐宋以后口语词的词义。比如敦煌写本《舜子变文》:"男女罪过须打,更莫教分疏道理。""分疏"是唐代的口语词,其含义我们不是很清楚,但是古人的注释可以为我们提供一些线索。《汉书·袁盎传》:"且缓急人所有,夫一旦有急叩门,不以亲为解,不以在亡为辞,天下所望者,独季心剧孟。"这句话的意思是说,况且每个人都会遇到危急的事。一旦有急事的人来扣门求助,不以家有父母亲人为借口而推脱,不以离家外出为由而拒绝,被天下人所仰望的,只有季心、剧孟罢了。唐颜师古注:"解者,若今言分疏矣。"虽然唐代的"分疏",我们不明其意,但是汉代的"解",我们却大致了解它的意思,是"解释""借口"之义。所以,敦煌写本《舜子变文》中"男女罪过须打,更莫教分疏道理",说的就是男女犯错误的话必须挨打,不能教他们解释原因。这种利用唐宋以前的古注来考释唐宋以后口语词的方法，就是"反推"。

参照旧注

五　因声求义

因声求义是清儒最擅长的重要的训诂方法，即王念孙所谓"触类引申，不限形体"。特别是近代汉语词汇有不少口语词，而口语词往往是词无定形的，对词义的考察只能"求诸声"而不能"求诸字"。也就是说，只能根据声音的线索去寻求词义，而不能拘泥于字形，我们来看例子：

《孟姜女变文》中有这么一句："姜女自雹哭黄天，只恨贤夫亡太早。"对其中的"雹"字，蒋礼鸿考释说："就是'撲'同音假借，投掷的意思。'自雹'就是《大目乾连冥间救母变文》'遂乃举身自撲'的'自撲'。《龉龋书》：'雹釜打铫。''雹釜'就是撲釜。"其实跟这个相关的例子，我们之前讲到过，就是《诗经·豳风·七月》："八月剥枣，十月获稻。"其中的剥枣就是扑枣，也就是打枣，"剥"是"扑"的通假字，同样，"雹"也是"扑"的通假字。

再来看一个例子：白居易《琵琶行》中的一句："自言本是京城女，家在虾蟆陵下住。"注释说："虾蟆陵，在长安城东南。"陵是墓地，何以"虾蟆"为名？唐代李肇《国史补》据声求义，以为"虾蟆"即"下马"的音讹。下马陵原是西汉名儒董仲舒的墓地，他的门人路过此地，都要下马致敬，故称"下马陵"，音变为"虾蟆陵"。《国史补》卷下说："旧说董仲舒墓，门人过皆下马，故谓之下马陵，后人语讹为虾蟆。"原来"虾蟆"这个俗语是由"下马"音变来的，问题就得以解决了。

今"下马陵"

例三

敦煌佛经中有这么一句,《佛告遍敬菩萨摩诃萨》曰:"一切众生,我慢自居;是非盈怀,憎(增)减二见;贡高自恃,好胜欺人;陵夺所爱,蔓陌师长,轻突父母,打斫众生,自在加害。翳障佛性,真金以为矿用。汝今请问出之方轨,吾今与汝指当要切,分班事用。……一切众生如佛,除其我慢贡高;敬一切音声,爱之如法,除其是非、增减二见;于善于恶,不生分别,敬之如僧,除其好胜欺人、陵夺所爱、蔓陌师长、轻突父母、打斫众生、自在加害。以此三药,去前三毒病,名之为得炭。"

赵家栋(2011)认为"蔓陌"当读为"谩蓦","蔓"与"谩"《广韵》皆有"母官切"一读,可音同借用;"谩"有毁谤义,引申有"骂"义;"蓦"与"陌"《广韵》皆为"莫白切",文献中二字常通借,如"陌刀"可作"蓦刀"等;故"谩蓦"即"谩骂","蓦"《集韵·禡韵》有"莫驾切"一音,与"骂"音同,可以借用。

张小艳(2019)认为,从"蔓陌"出现的语境看,它在句中与"轻突"对文,二者后面所跟宾语分别为"师长"与"父母",均属尊长辈,"轻突"指冒犯、不尊重,"蔓陌"当与之义近。……赵说以为"蔓陌"当读为"谩蓦",而"谩蓦"又应作"谩骂",略显迂曲;但他认为"陌"当读作"蓦",可以信从。

若"陌"读同"蓦",那么"蔓"当作何解呢?张小艳以为"蔓"应读为"慢"。读音上,《广韵》"蔓"音无贩切,微纽愿韵;"慢"读谟晏切,明纽谏韵,古无轻唇音,二字声同韵近,可以通借。词义上,"慢"谓轻视、简慢。《玉篇·心部》:"慢,轻侮也。"《广韵·谏韵》:"慢,易也。""蓦"本指上马,由此引申,可表翻越、跨过,《龙龛手镜·马部》:"蓦,踰也。"如北魏贾思勰《齐民要术》卷三杂说:"凡开卷读书,卷头首纸,不宜急卷;急则破折,折则裂……书带勿太急,急则令书腰折。骑蓦书上过者,亦令书腰折。"缪启愉校释:"蓦,跨越。这句是说横扣在书上压过,也会拦腰折断。"《燕子赋》:"人急烧香,狗急蓦墙。"《伍子胥变文》:"今日登山蓦岭,粮食罄穷。"皆其例。"蓦"指翻越、跨过,其对象多为物类,若变为尊长之人,即表示"卑下"者从"尊长"辈上方跨过,在尊卑森严的礼法制度下,这种行为就是以下犯上,"蓦"也因兹含有侵凌、冒犯的意思。故"慢蓦"连言为近义复词,指轻慢、冒犯。这在后代文献中有明确的用例,如清方东树《大意尊闻》卷2:"(妇女)不明大义,不崇德让,怀私见小,忮害憎妒,阴很悍毒,如火欲然。欺陵夫主，慢蓦翁姑，强压姒娌，而方自以为能，自以为当然，自以为得计，而不知其乖戾之气阴憯之志，已自感召不祥，鬼神侧目。"例中"慢蓦"与"欺陵"对举，其对象分别为表尊长的"翁姑（公婆）"与"夫主（丈夫）"，可知"慢蓦"与"欺陵"义近，指轻侮、冒犯。

就此而论，上举疑伪经中的"蔓陌"确当读为"慢蓦"，其构词表意与"轻突"近似，义为轻慢、冒犯。详细情况，同学们可以参考张小艳《敦煌佛教疑伪经词语考释五则》（《中国语文》2019 年第 1 期）一文。

因声求义

六　推求语源

一个词不能作出确释，有时跟不明它的来源有很大的关系。比如"比数"一词，唐诗中屡见，如杜甫《秋雨叹三首》之三："长安布衣谁比数？反锁衡门守环堵。"高适《行路难》："君不见富家翁，旧时贫贱谁比数？一朝金多结豪贵，万事胜人健如虎。"再比如刘禹锡《酬令狐相公寄贺迁拜之什》："白发青衫谁比数？相怜只是有梁王。"苏轼诗中也用过，比如《苏轼诗集》卷 13《寄刘孝叔》："平生学问只流俗，众里笙竽谁比数。""比数"是什么意思？曾有过几种不同的解释：

聂石樵、邓魁英解作"犹今语'看得起'"；郭在贻先生认为"'比数'殆有理睬、同情之意也"；周一良先生说"比数犹重视，意如今言数得上"。蔡镜浩、王云路与方一新、张永言主编《世说新语辞典》、张万起编《世说新语词典》等都持这一说法。

《魏晋南北朝史札记》、《世说新语词典》书影

"看得起、同情、重视、理解"的解释是不错的,但该词的构词方式仍然不明,问题尚未彻底解决。各家解释此词,所找到的最早用例都是《汉书·司马迁传》所载司马迁《报任安书》:"刑馀之人,无所比数,非一世也,所从来远矣。"这句话的意思是说,受刑的人,没有人会看得起他,这不是这一代的情况,是由来已久的做法了。

从这个例子还是看不出"比数"究竟是单纯词还是合成词,如果是合成词,到底是并列结构还是偏正结构抑或动宾结构。我们必须找到这个词语的最早来源。其实,"比数"在更早的时候已经出现,但是是以"比于人数"的形式出现的,见于《庄子·达生》篇,我们来看一下它出现的上下文:

> 有孙休者,踵门而诧子扁庆子曰:"休居乡不见谓不修,临难不见谓不勇;然而田原不遇岁,事君不遇世,宾于乡里,逐于州部,则胡罪乎天哉?休恶遇此命也?"扁子曰:"子独不闻夫至人之自行邪?忘其肝胆,遗其耳目,芒然彷徨乎尘垢之外,逍遥乎无事之业,是谓为而不恃,长而不宰。今汝饰知以惊愚,修身以明污,昭昭乎若揭日月而行也。汝得全而形躯,具而九窍,无中道夭于聋盲跛蹇而比于人数,亦幸矣,又何暇乎天之怨哉!子往矣!

"比于人数"就是比次于人的行列、列在人里边算个人,意思十分清楚。司马迁《报任安书》把它缩略成"比数",是说没有谁把"刑馀之人"当个人看。上文所引的其他例子和唐诗中的"比数"也都是这样的意思。综上所述,我们认为"比数(shù)"一词应源出《庄子》,是"比于人数"的缩略,意思是"把……算作个人,把……当人看待","数"读去声,是名词。

再比如元杂剧中有"吉丢古堆、滴羞跌屑"这类 ABCD 式格式是如何产生的呢?江蓝生先生(2008)在重叠理论的基础上,创造性地提出"变形重叠"这一理论,对这一问题作出了很好的回答。下面我们就一起来了解和学习。

我们知道,重叠是一种语法手段,通过这种手段产生的新形式称作重叠式。一般把重叠之前的形式称作基式,把重叠之后的形式称作重叠式。

　　重叠式又分为不变形重叠和变形重叠两大类。所谓不变形重叠是指重叠部分保留基式的声韵调不变，和基式同音。比如看看、快快、家家、咚咚这一类。

　　所谓变形重叠是指重叠部分和基式不同音，或者声母有别，或者韵母有别，或者声调有别。比如"蹀躞"(声母不同)"缱绻"(韵母不同)"慢慢儿"(声调不同，第二个"慢"声调变阴平)等等。我们一起来看下"蹀躞"，有动词"小步行走"或形容词"小步行走的样子"的意思。

　　江先生指出，古代汉语中的有些联绵词其实就是某一单音词的变形重叠形式，换言之，双声叠韵分别属于变韵重叠和变声重叠。如果一个双声叠韵联绵词，有一个并且只有一个语素是可以单独使用的，那么，这个联绵词就是该语素的变形重叠形式。江先生指出，"蹀躞"就是"蹀"的变形重叠式。为什么这么说呢？我们一起来看。

　　首先，"蹀"是可以独立使用的单音节动词，意思是踩、踏、蹈。比如《广雅·释诂一》："蹀，履也。"《淮南子·俶真》："足蹀阳阿之舞，而手会绿水之趋。"而"躞"不能单独表义。

　　其次，"踩、踏"义的"蹀"与表"小步行走"义的"蹀躞"有类别性的意义上的联系，都是表示行走义的。

　　第三，"蹀"与"躞"语音不相同，但二者有叠韵关系。

　　从以上三点来看，可以判定"蹀躞"就是"蹀"的变形重叠。"蹀"是基式，"躞"是变式，"蹀躞"是顺向变声重叠。也就是基式在前、变式在后的顺向变声重叠。

　　我们再来看"缱绻"，"缱绻"是"绻"的变形重叠。与"蹀躞"是"蹀"的变形重叠的判断方式差不多。"绻"可以单用，表示缱绻，表示相结牢固、不离散的意思，引申作眷恋，比如清邢昉诗："纡徐得三径，绻此幽栖处。"另有"屈服"义，《淮南子·人间训》："昔晋厉公南伐楚……兵横行天下而无所绻，威服四方而无所诎。"高诱注："绻，屈也。""绻"与"缱"有双声关系，因此，"绻"是基式，"缱"是变式，"缱绻"是逆向变韵重叠。通过"蹀躞"和"缱绻"，我们可以将变形重叠归纳为以下两种类型，那就是：

基式在前、变式在后的顺向变声重叠,比如蹀到蹀躞

基式在后、变式在前的逆向变韵重叠,比如缱到缱绻

江蓝生先生提出,不变形重叠可以多次重叠,比如刷刷刷刷、咕嘟咕嘟咕嘟、最最最最,那么,变形重叠是否也能够多次重叠呢?答案是肯定的。"蹀"本为动词,重叠式"蹀躞"除了作动词之外,新产生了状态形容词用法,描写小步行走貌;马行貌。例如刘宋·鲍照《拟行路难》诗之六:"丈夫生世会几时,安能蹀躞垂羽翼?"元·萨都剌《画马》:"四蹄蹀躞若流星,两耳尖修如削笔。"到了元代,"蹀躞"又出现原联绵词基式的逆向变韵重叠形式"滴羞蹀躞",比如《赵礼让肥》四折【挂玉钩】:"吓的我手儿脚儿滴羞蹀躞战笃速。"

这句话里"战"就是"战栗"的意思,"笃速"就是"抖擞""发抖"的意思,整句话是说"吓得我手脚哆里哆嗦地战栗、发抖"。"滴羞蹀躞"就是手脚发抖的样子,前面提到的元杂剧《魔合罗》一折《油葫芦》中"我则索滴羞跌屑整身躯"也是这个意思。关于"吉丢古堆、滴羞跌屑"这类 ABCD 格式的详细考察和探究,请同学们参考江蓝生先生的《变形重叠与元杂剧中的四字格状态形容词》一文。

推求语源

第十章课后思考题:

请从姜亮夫先生《昭通方言疏证》、张相先生《诗词曲语辞汇释》和蒋礼鸿先生《敦煌变文字义通释》中任选一本进行阅读,并撰写 2000 字的读书报告,上传到网络平台。

本章参考文献

[1]《俗字研究与古籍整理》,郭在贻、张涌泉,《近代汉语研究》(二),商务印书馆,1999 年

[2]《禅籍疑难词语考四则》,詹绪左、周正,《古汉语研究》2017 第 2 期

[3]《〈刘知远诸宫调〉所引古贤诗校释》,汪维辉、邵珠君,《中国语文》2018 年第 3 期

［4］《读〈刘知远诸宫调〉》，蒋礼鸿，《中国语文》1965 年第 6 期

［5］《重读〈刘知远诸宫调〉》，江蓝生，《文史》1999 年第 3 辑

［6］《诗词曲语辞汇释》，张相，中华书局，1953 年

［7］《〈越谚〉方俗字词选释》，周志锋，《中国语文》2011 第 5 期

［8］《也释"见来"》，曹海东，《中国语文》2009 第 6 期

［9］《近代汉语研究概要》(修订本)，蒋绍愚，北京大学出版社，2017 年

［10］《敦煌佛教疑伪经词语考释五则》，张小艳，《中国语文》2019 第 1 期

［11］《敦煌文献疑难字词研究》，赵家栋，2011 年南京师范大学博士学位论文

［12］《变形重叠与元杂剧中的四字格状态形容词》，江蓝生，《历史语言学研究》2008 年第 1 辑

图书在版编目(CIP)数据

训诂学 / 殷晓杰编著. —杭州：浙江大学出版社，
2023.1

ISBN 978-7-308-23357-6

Ⅰ. ①训… Ⅱ. ①殷… Ⅲ. ①训诂－教材 Ⅳ.
①H13

中国版本图书馆 CIP 数据核字(2022)第 233930 号

训诂学

XUN GU XUE

殷晓杰 编著

责任编辑	宋旭华
责任校对	周烨楠
封面设计	周　灵
出版发行	浙江大学出版社
	（杭州市天目山路 148 号　邮政编码 310007）
	（网址：http://www.zjupress.com）
排　版	杭州朝曦图文设计有限公司
印　刷	杭州宏雅印刷有限公司
开　本	787mm×1092mm　1/16
印　张	9.75
字　数	160 千
版 印 次	2023 年 1 月第 1 版　2023 年 1 月第 1 次印刷
书　号	ISBN 978-7-308-23357-6
定　价	45.00 元